面向21世紀的幼兒教育：
探究取向主題課程

周淑惠　著

作者簡介

周淑惠

現任：臺灣清華大學幼兒教育學系／所教授

學歷：美國麻州大學教育博士（主修幼兒教育）

　　　美國麻州大學教育碩士

　　　國立政治大學法學碩士（公共行政）

經歷：新竹教育大學幼兒教育學系／所教授

　　　新加坡新躍大學兼任教授

　　　澳門大學客座教授

　　　美國北科羅拉多大學研究學者

　　　美國內布拉斯加大學客座教授

　　　美國麻州大學客座學者

　　　國立新竹師範學院幼兒教育學系／所主任

　　　國立新竹師範學院幼兒教育中心主任

　　　行政院農業發展委員會薦任科員

考試：公務人員高等考試普通行政組及格

序

　　自 1992 年於美國學成歸國後，敝人旋即投入幼兒階段的課程與教學研究，並將研究成果出版專書，以利實務界運用，包括早期所著重的領域教學——《幼兒數學新論：教材教法》、《幼兒自然科學經驗：教材教法》，發現孩子思考的《幼兒自然科學概念與思維》，強調各領域教學統整的《幼兒教材教法：統整性課程取向》；其間歷經學術生涯中期的《幼兒園課程與教學：探究取向之主題課程》，相當於課室中第三位教師的《幼兒學習環境規劃：以幼兒園為例》；到近年來特別受到各方重視的《創造力與教學：幼兒創造性教學理論與實務》、《遊戲 VS. 課程：幼兒遊戲定位與實施》，以及也曾翻譯《嬰幼兒教保環境與互動實務》等，可以說這二十多年來，敝人一直本微薄能力投入幼教實務研究，試圖將幼兒園教學與學術理論聯結，期望能對現場教師之教學有所裨益，並至盼日益提升幼教品質。

　　本書《面向 21 世紀的幼兒教育：探究取向主題課程》是架構於 2006 年的《幼兒園課程與教學：探究取向之主題課程》之上，將幼兒園的課程與實務研究具體化，更詳實地論述探究取向主題課程的細部運作，以便有心嘗試主題探究課程的教師，能有所參照。之所以再度深入著墨於探究取向主題課程，乃因敝人深感 21 世紀是人工智能的世代，其特色是快速變遷、高度競爭，個體必須具備探究力、創造力與合作共構力，方能適存；亦即我們今日培育的幼兒是要面對未來時代嚴峻的挑戰與考驗，而教育是具有道德使命的，主題探究課程確能培養以上能力，是帶得走、有益終身學習的能力，不怕社會如何變遷，均能適存並榮展的能力；此外，它與近年來各國政府大力推動的 STEM 教育密切相關，不僅充滿豐富的 STEM 教育經驗，符合時代教育趨勢；而且強調全人均衡發展，

是更適合於幼兒階段孩子所需的課程與教學，故而加以推展。

　　探究取向主題課程強調幼兒運用觀察、推論、記錄、訪談、查資料、實驗、溝通等「科學程序能力」的探究精神，探索生活中主題或解決相關問題；它在實務層面上具有多元特色，如美國強調深入探究的方案教學，義大利重視社區共構、多元表徵的瑞吉歐經驗，以及臺灣各具探究特色的幼兒園課程等。只要具有核心的探究精神，各園均可發展自己的園本特色課程，如偏鄉地區幼兒園可以探究鄉野自然景觀，如森林野地、溪流、與地域特色動植物等；都市幼兒園可以探索喧囂城市特有景觀，如高樓大廈、垃圾環保與交通議題等；歷史城區幼兒園可以探討豐富底蘊人文景觀，如歷史古蹟、民俗文化遺產與地域特產等。

　　本書共分八章，著眼於探究取向主題課程之具體落實。職是之故，前三章旨在介紹何謂探究取向主題課程、世界各地各具特色之課程實例、以及倡導理由與理論基礎，讓讀者對它有些基本認識，並為後續章節鋪墊基底。第四章則旨在介紹六漸進實施層級與循序漸進的理由、以及整體課程的基本運作原則。第五、六章本第四章之運作原則，闡述兩種探究取向主題課程的教學實務——預設的與萌發的。第七章則聚焦於探究取向主題課程的具體落實策略，即相關配套措施或作為，包含「內部層面」作為——全面進行專業成長、建立願景與實施正向課程領導、讓家長看得見孩子的學習成果；以及「外部層面」作為——經營園家間夥伴關係。其考量乃因課程革新猶如水上划舟之舉，居於龍頭的課程領導者與所有園內教師對於船隻的航行，均扮演重要角色；而在另一方面，水能載舟也可覆舟，家長即為舟外之水，建立園家關係獲得家長認同與支持，對於課程革新或轉型，也是相當的重要。至於最後第八章乃綜合歸納各章重點，並據以提出研究上與實務上的具體建議。

　　本書得以出版，首要感謝我的輔導園親仁實驗幼兒園的鄭良儀（本園）園長、劉志輝（分園）園長，沒有你們以園為家的精神與課程領導

的堅持，就不會出現有品質的課程。當然要特別感謝的是園裡各帶班老師及與幼兒共構的精彩課程，例如彩虹花朵班「木頭真神奇‧看我變魔術」、「你農我農一起『蔬』情萬種」主題的林嘉惠、廖婉婷老師，兔子跳跳班「環保小創客」主題的羅婉瑄、楊席惠老師，魔法愛心班「魔法愛心運動中心」主題的詹雅淩、吳岳貞老師，童話色紙班「風超人」主題的李宜軒、黃靜芝老師，彩虹蝴蝶結班「一起坐火車」主題的蔡佩璇、林芳妮老師，多啦A夢班「花路米綜合醫院」主題的黃瑋茹、林宜柔老師，可愛鯊魚班「彩虹商店」主題的陳佩琪、詹晶晶老師。以上幾位老師與幼兒共構的課程是本書中具有較多篇幅的。另外，還有一些課程在本文中舉例時也稍事提及，敝人衷心感謝，但限於篇幅，在此就不再列出，請各位老師見諒。此外，更要感謝我的研究生楊月香老師精彩的「購物趣」主題課程，對於說明以扮演萌發的主題課程，相當有幫助。

　　敝人一向秉持持續成長之心，投入研究及統整研究所得的專書著作，由於才疏學淺，難免有所疏漏，敬請諸位先輩不吝指正。又敝人考量諸多因素，這本書極可能是筆者封筆之作，在難以割捨卻需停止著書立作的矛盾情緒下，衷心期望藉由此書的出版，能有更多的教師投入探究取向主題課程的試行，做出有特色的園本課程，讓我們培養的幼兒均能具有終身學習及成長的探究能力，而且也能自信地面對未來時代的挑戰，以慰藉筆者心靈。最後，還要感謝心理出版社林敬堯總編輯、深圳一杰教育研究院李俊杰院長的大力支持與協助，讓此書得以在兩岸發行，將探究的理念廣為傳播。當然也要特別謝謝碧嶸與愷卉兩位編輯辛苦的付出。感恩！

淑惠　寫於　蘇州楓橋

2017 年 10 月 15 日

修於　新竹中城

2017 年 10 月 16 日

目錄

1

何謂探究取向主題課程？

本章為開宗明義章節，旨在讓讀者理解「探究取向主題課程」（簡稱主題探究課程）的由來與涵義。探究取向主題課程顧名思義是強調以「探究」為精神的「主題課程」，因此本章分兩節論述。首先於第一節探討「主題課程」、「探究教學」各為何？第二節則立基於第一節，論述何謂「探究取向主題課程」？並探討探究與遊戲（課程）的關係、探究取向主題課程與 STEM（Science, Technology, Engineering, Mathematics）教育之關係，以定位主題探究課程。

第一節 「主題課程」與「探究教學」

探究取向主題課程在詞面上包含探究、主題課程，因此本節分別探討「主題課程」與「探究教學」要義，以為論述第二節「探究取向主題課程」之基，讓讀者理解探究取向主題課程的由來與涵義。

一、主題課程

主題課程（Thematic curriculum）源自於 1920 年代的 Deway 與進步主義者（Beane, 1997; Campbell & Harris, 2001）。在幼教階段，所謂主題（Theme），被定義為「持續進行一段時間，在本質上有如議題（Topic）的一個研究的焦點。」（Krogh & Morehouse, 2014: 112）；而圍繞於孩子感興趣或投入的議題而組織的統整性課程，就是主題課程，這個有興趣

的廣泛性議題提供了不同領域學習目標的連接基礎（Bredekamp, 2017）。
誠如 Campbell 和 Harris（2001: 6）所言，統整的主題課程「藉著圍繞一個
中心焦點以組織課程，連結多種學習方式與一學科以上內容；它提供了
相關、深度的研究，能使學習者建構有意義、持久的知識及可移轉的學
習策略。」

　　簡言之，主題課程是一種課程規劃的方式，它使得幼兒的活動內容反
覆地圍繞著某一個主題（江麗莉，2004）；而這個主題通常是寬廣含括多
個概念的，亦即它是一個統整各領域學習的課程，具有「統整性」：是
一個有中心論點的組織計劃活動，整合了核心論點的相關概念與幼兒發
展的各個層面，做為課程凝聚的核心。在教學實務上，主題課程有許多
風貌，大體上而言，近年來所風行的「全語文課程」（Whole lan-
guage）、「萌發課程」（Emergent curriculum）、「方案課程」（Project
approach）等，均是以一個主題概念或知識為核心，統整幼兒各領域的學
習，充分說明主題課程的重要特性是具有「統整性」的。

　　至於主題課程如何統整幼兒各領域學習，如圖1-1-1.所示，在設計上
可以借重網絡圖的繪畫，以中心的主題概念為核心，向外輻射以分析其
次要概念或次次要概念，即該主題概念的「知識架構」，而各概念間是相
關的，共同構成了一個完整的主題；然後才在次概念或次次概念之下設
計能達成該概念目標的各領域活動，包括：語文、科學、律動、美勞
等。值得注意的是，有些活動同時可以促進二個概念或二個以上概念的
理解與探索，有些概念則有好幾個不同的活動，同時均可助益於該概念
的探索與理解。

　　重要的是，主題課程的特性不僅具有統整性，其實最根本的便是具有
「探究性」。吾人從 Campbell 與 Harris（2001）主題課程之五個重要成分
便可確知：(1)深度理解——重要問題或概念可從各領域或科目加以「探
究」；(2)相關性——多元面向的學習是與孩子的現實世界相關；(3)「積

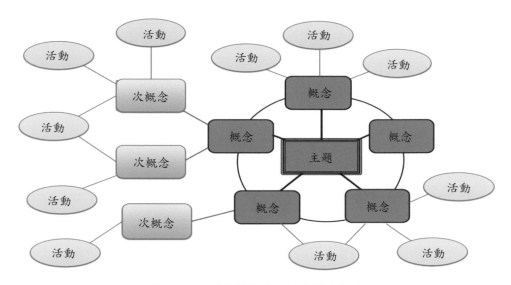

圖 1-1-1. 主題課程概念網絡活動圖

資料來源：改編自 Beane（1997: 11）

極探究」——強力依賴學生的開放式探究，孩子是問題解決者、探究者、研究者；(4)協同合作——師生、課程團隊、家長與專家等的協作；(5)提供做決定與成長機會——包括學生，如對主題提問、如何回答這些問題、呈現學習成果等。雖然他們兩人指出主題課程的實施有老師主導、學生主導與協商共享三種方式，但是他們比較推崇師生權力共享的協商方式。

又根據 Beane（1997），統整性主題課程涉及四個層面的統整：經驗、知識、社會、課程計畫；即主題課程的內容應兼顧經驗、社會與知識三面向，非僅知識面向而已，而欲做到真正的統整，就必須從課程設計面向做根本的變革（單文經，2001）。基本上，它是以真實世界生活中具個人或社會意義的中心議題，做為課程的組織核心，師生協同合作以規劃相關經驗並共同探究，過程中乃視「知識為力量」，用以解決中心議

題相關的問題或發現答案；亦即知識的發展與運用是在主題情境脈絡下且連結於生活經驗中，在師生共同探究議題的過程中，自然涉及知識、經驗、社會與課程計畫的統整，模糊了學科界線，培養了學生的生活知能。換言之，知識寓於社會生活情境脈絡，深具意義、易於理解，且在實際探索及運用中，與經驗連結、重組，而日益發展（Beane, 1997）。

舉例而言，在「環保新生活」主題中，學童在探究過程中必須運用觀察、推論、記錄、驗證、溝通等探究能力與數學、語文、科學、社會等相關知能，如訪談居民與專家、計數與測量污染處與面積、查閱相關資料，以了解污染源或成因等，蒐集社區環境保護工作現況，並針對環境破壞與污染問題思考可能的解決方案等。而在其後以社區聚會形式呈現社區環保工作現況與提出具體建議時，更需運用在探究歷程中所學之污染成因、污染防治、環境保護等知能，以及使用數學、語文、科學、藝術等學科知能，以製作相關圖表或海報，方能清晰、順利地溝通探究的結果，喚起社區居民的環保意識。

如上例「環保新生活」主題所示，主題相關知能的運用與發展幾乎是同時進行的，學科知識的界線是模糊的，相關知能是統合於此生活化的主題中。因此，如果主題對孩童是有趣的與能激勵的，確實有助於探究取向的學習，教師必須小心規劃並知道如何為孩子的學習獲得連結的、有意義的與相關的知識，提供能鼓勵與支持孩子自發性探索的主題課程（Krogh & Morehouse, 2014）。

Beane（1997）明白指出，相對於傳統把學科知識當成教育的目的，統整性主題課程把知識較當成為「教育的工具」，孩子一面探究，一面運用知識並獲得知識，知識成為蒐集資料、理解與解決問題的工具。Krogh與 Morehouse（2014）呼應此觀點並進一步指出，只有當學科知能助益於研究議題上的理解，與協助孩童理解他們的學習，才是真正應有的統整。更具體地說，真正統整的主題課程是：學科知能於主題探究歷程中

得以發展與運用的課程，也就是若於主題課程中提供真正探究機會，讓孩子一面探究一面運用與發展知能，自然會臻抵課程統整的境界。

　　例如「好吃的食物」主題〔請見 2006 年拙著《幼兒園課程與教學：探究取向之主題課程》（心理出版社出版）105 頁圖 5.1.3.〕之「創意&健康烹飪活動」，是在了解各種烹調方式與營養及健康食物的概念後，運用這些概念於實際烹飪中；「我的飲食日誌」是在了解營養與健康食物後，於每日生活中實際記錄與分類所攝取的食物；「開商店&買菜了！」活動中，幼兒可以將所獲之食物種類知識具體地以美勞素材表徵，並且製作相關的品保標誌或記載保存日期，以實際練習選購；「超市採購行！」則是在了解選購與品保標誌後，到超市實際操作。而在最後的「親子烹飪&健康饗宴」活動，孩子在活動中可以綜合運用之前活動中所獲的知能：從運用食物營養與健康知識，到超市選購食物開始，再經實際操作烹調技巧，以準備饗宴的食物；並於饗宴當日落實用餐禮儀，宴後且將剩餘食物合宜保存，可以說知能在主題探究課程中現學現用，並整合不同的學科領域。

　　的確，當今社會許多重要議題諸如：社區生活、環境保護、人際關係、健康與疾病等，均涉及多個學科或整合多個學科；在實際生活中遇到問題時，我們都是整體地看待問題，並不會將問題拆分為數學、語文、自然等面向去處理。孩子的周遭世界也是如此，並未分成各個學科部分，課程統整讓學習變得有意義，因此與真實生活相關的重要議題下的主題課程，提供了學習與探究的情境脈絡，自然地整合了各學科領域，可以說知識統整於真實議題或問題情境中。職是之故，筆者將主題課程定義為，**通常是師生共同選定與生活有關且含涉多學科面向的議題或概念，做為學習之探討主題；並設計相關的學習經驗，試圖「探索」、「理解」該主題，且「解決」探究過程中相關的問題，以統整該主題脈絡相關的知識與經驗**。而它的特徵是具有統整性與探究性（周淑惠，2006）。

　　然而坊間常見的主題課程與教學常膚淺地與中心主題相連，未能深度與有意義地涵蓋相關範圍，而且孩子並未運用各領域相關技能與知識來探求答案或解決相關問題，即常淪於單元教學型態；或是依據市面現成教材即主題本照本宣科的教學（陳淑琴，2007a，2007b），鮮少具有探究成分，美其名為主題課程，卻無主題課程探究之實，甚是可惜。

　　舉一個坊間常見的課程為例，在一個「可愛的寵物」主題中，老師在團討時間首先問幼兒貓怎麼叫、怎麼移動身體？接著教唱小貓咪兒歌並進行律動；後半段孩子們分組忙著繪畫以狗、貓、兔子等命名的各組桌貼（畫與剪出狗、貓、兔造型並在上面書寫組名）；最後則向全班分享各組桌貼。第二天團討時間以錄影帶介紹動物餅乾的製作，接著分組揉搓麵糰、製作動物餅乾（用塑膠模型蓋印）；放入烤箱烤時，孩子分散角落，有在圖書角閱讀著寵物相關繪本，或在益智角拼組貓、狗、兔等造型拼圖，或在娃娃家自由遊戲；最後一起快樂享用烤好的餅乾。又有一天團討時間老師先以繪本說了狗兒汪汪的故事；孩子接著繪畫寵物造型的餐墊，老師幫忙護貝保護的透明膠層；最後分享大家製作完成的餐墊並於午餐時使用。

　　環顧整個教室，老師貼滿了可愛的狗、貓、兔等寵物圖片，確實可感受正在進行的主題就是寵物，在此主題下也涉及或連結美勞、律動、語文等領域，但無疑地，這是一種鬆散的連結，課程未具探究性，當然也無法達到統整性。因為在整個主題進行中，孩子們並未使用學科領域知能去探討寵物相關的問題，以獲得對主題寵物的理解或解決相關的問題，也就是並未做到真正的探究，自然未達學科或課程統整的境界。

　　若是一個真正具探究性的主題課程，則在主題歷程中，可能會探討寵物吃什麼？有什麼習性？平日如何照護？生病了怎麼辦？為什麼社區中流浪貓、狗很多？要如何防治？如何建造一個貓的樂園（如有洞穴、高臺、自動逗貓棒……）等？而為了探討以上問題，勢必要運用探究相關能

力，如觀察、推論、查資料、訪談、記錄、溝通等，此即源於科學的「探究教學」所強調的能力，將於以下接續討論。而當探究到貓的習性或相關知識後（如生氣時背部弓起、滿意開心時發出呼嚕呼嚕聲、鼻子乾時可能是生病的徵兆、喜歡爬至高處俯眺、好奇性強等），就可運用於貓的照護、與貓的相處及遊戲中，甚至為牠蓋貓的樂園等，可以說在探究主題的過程中，知能的發展與運用幾乎是同步的。總之，探究為主題課程的內在固有特性，幼兒在主題歷程中，除一面運用探究能力外，也一面運用與發展學科與主題相關知能；而為別於坊間缺乏探究成分與單元課程混淆、也未做到有意義統整的主題課程，筆者遂特意冠上「探究取向」四字，以凸顯所推崇的是具有探究特性的主題課程（簡稱主題探究課程）。

二、探究教學

　　主題課程深具探究特性，因此必須對探究與探究教學有所認識，方能更加理解主題課程的精神。雖然探究一詞用於描繪好的科學教學與學習的主要用語已達世紀之久，然而至今大家對它與探究教學仍有諸多疑惑，不同的研究者定義不盡相同（Anderson, 2002）。若簡單地說，它是科學家為試圖回答他們所感興趣的問題所運用的有系統方法（Lederman, 1999），即回答問題或解決問題的求得科學知識的方法。而根據近年美國國家研究委員會（National Research Council, NRC, 1996: 23）所頒布的《國家科學教育標準》（*National Science Educational Standards, NSES*）所載，科學探究不僅指科學家研究自然世界與基於其工作上的證據提出解釋之多元方式；探究也指學生發展知識與理解科學概念，及理解科學家如何研究自然世界的活動。其要義為：

探究涉及觀察、提問、查書與其他資料，以了解已知、計畫調查行動、依據實驗證據檢視已知部分、運用工具以蒐集與分析及解釋資料、提出解答與解釋及預測並溝通結果的一個多面向活動。

顯然 *NSES* 之探究涉及科學家研究與了解自然世界的觀察、預測、實驗、溝通等方式與能力，即所謂的「科學程序能力」（Scientific process skills）（周淑惠，1998a），而這些技能亦可運用於學生學習與科學教學。其後 NRC 於 2000 年出版《探究與國家科學教育標準：教與學的指引》（*Inquiry and the National Science Education Standards: A Guide for Teaching and Learning*）補充書籍，該書指出，*NSES* 的顯要特徵是以探究為焦點，有兩種運用方式，第一種是學生應發展能設計與執行調查研究的「能力」，以及應對科學探究本質有所「了解」；第二種是讓科學概念透過調查研究而精熟的教與學策略。所以探究涉及科學家研究與了解自然世界的重要能力，學生應運用於學習上、教師也應運用於教學上，讓學生經歷這些程序與能力而獲科學概念。

此書繼而指出探究教學應有的共同成分，即有五個步驟或階段（NRC, 2000: 35），對吾人理解應如何實施探究教學或探究學習有所幫助：

1. 學生**投入**一個科學問題、事件或現象，與其已知相連結，或與其想法產生衝突，或激發其學習更多。

2. 學生透過操作經驗**探索**想法，形成與測試假設，解決問題，或對其觀察提出解釋。

3. 學生分析與**解釋**數據資料，綜合想法，建立模型，藉教師或其他科學知識來源，澄清概念與解釋。

4. 學生**延伸**其新理解與能力並運用其所學於新情境。

5. 學生與老師回顧與**評量**其所學內涵與是如何學到的。

其後於 2004 年，美國國家科學教師協會（National Science Teachers Association, NSTA）發表「科學探究」立場聲明，建議教師將科學探究做為教學方式，幫助學生理解科學探究與從事科學探究（請參見 http://www.nsta.org/about/positions/ inquiry. aspx）。

而以上探究五階段實類同於美國生物科學課程研究協會（Biological Science Curriculum Study, BSCS）的「5E 教學模式」（BSCS 5E Instructional Model）：投入（Engagement）、探索（Exploration）、解釋（Explanation）、擴展（Elaboration）與評量（Evaluation）。此模式源自於 1960 年代 Atkin 與 Karplus 所提出的學習環（Learning cycle），並且運用於科學課程改進研究計畫（Science Curriculum Improvement Study, SCIS），BSCS 加以修正成 5E 教學模式。自 1980 年代就用於設計 BSCS 的課程教材，它提供了一個可用於整個科學教學方案、一特殊單元與個別課堂的教學順序（步驟），對課程發展與教材研發很有貢獻，並且有愈來愈多的研究支持其有效性（Bybee, Taylor, Gardner, Van Scotter, Powell, Westbrook, & Landes, 2006）。

Audet（2005）在《於跨課程中探究的整合》（*Integrating Inquiry Across the Curriculum*）一書中指出，探究的教室共同具有以下五個教學階段：(1)提問或指認一研究問題；(2)發展計畫與採取行動；(3)蒐集資源、分析與總結資訊；(4)下結論與報告發現；(5)反思以上過程。其實此五階段也與 NRC 教與學指引的探究教學五步驟和 BSCS 的 5E 教學模式，大致類同。

2013 年 NRC 又發表了《下一世代科學教育標準》（*Next Generation*

Science Standards, NGSS），雖以「實踐」（practice）替代原「探究」一詞，仍強烈反映解決問題與探究取向的特性。NRC 會使用實踐一詞而非技能，乃因科學探究不僅需要技能，也需知識。實踐描述科學家對自然世界從事調查、建立模型與理論，以及工程師在設計、建立模型與系統時的一組行為；八項重要實踐為：提問與定義問題、發展與運用模型、規劃與執行調查、分析與解釋資料、使用數學與計算思考、建構解釋與設計解決方案、投入證據的辯論、獲知與評估及溝通（請參見 https://www.nap.edu/read/13165/chapter/7#42）。

將 *NGSS* 八項實踐對比 *NSES* 的探究能力，均指科學家用以發現科學知識的重要方法。不過 *NGSS* 此份標準還特別說明科學探究與工程設計之異同，工程設計是形成透過設計可解決的問題，相對於科學探究是形成透過探究可回答的問題，並說明科學、數學、工程及技術與日常生活的相關性。亦即正式納入此四領域——簡稱 STEM（四領域之英文縮寫）於科學教育中，以因應未來時代的變革；簡言之，科學教育不僅要探究，而且也需工程設計與實踐，並運用數學與科技知能（請參見 http://www.nextgenscience.org/three-dimensions）。

2014 年 NSTA 發表一份聲明——《美國國家科學教師協會立場聲明：幼兒科學教育》（*NSTA Position Statement: Early Childhood Science Education*），也為美國幼兒教育協會（National Association for the Education of Young Children, NAEYC）所背書，支持 *NGSS* 所提倡要點，指出科學實踐是指兒童探查世界萬象如何運轉時，所運用的推理與探究技能，而且孩子有能力從事科學「實踐」與發展概念上的理解，需要從事科學探究與發現的多元不同機會或經驗，建議教師強調以上八項實踐（請參見 http://www.nsta.org/about/positions/early childhood.aspx），亦即科學不僅要探究，而且也要運用 STEM 知能。

總之，探究教學用於指稱有品質的科學教學已有多年之久，直至現

今，仍為美國課程文件所尊崇，並且與各國日益重視的 STEM 結合。而且 Anderson（2002）曾綜合諸多實徵研究文獻，發現探究教學產生正向結果，可見在實務上是可行與可取的。再加上它可運用於諸多領域與整合各領域的主題課程，遂加以提倡，將於下節進一步說明。

第二節　探究取向主題課程

　　上節探討主題課程與源於科學領域的探究教學，本節接續探討「探究取向主題課程」，首先論述其意涵並舉課程實例說明之；其次，探討探究（課程）與目前備受矚目的遊戲（課程）二者間的關係，以及探究取向主課程與各國積極投入的 STEM 教育的關係，以定位探究取向主題課程。

一、探究取向主題課程的意涵

　　顧名思義，探究取向主題課程（簡稱主題探究課程）是刻意強調「探究精神」的主題課程。承上節論述，主題課程本具有探究性，為何還冠上探究取向？此乃鑑於主題課程的探究本質於坊間實務多被忽略，因此特意冠名區別，以示筆者所提倡的是強調真正具有探究精神的主題課程——運用探究相關能力與領域相關知能去探究主題，並獲得主題的相關知能，達到真正的課程統整境界，而非只是各學科領域的大拼湊。

　　其實探究不僅適用於科學領域，所有學科均可運用。它是人類學習的基本方式（Anderson, 2002），任何學科都需要探究與科學思考（Zucker-man, Chudinova, & Khavkin, 1998）。Audet（2005）認為探究是志趣於從經驗中提取意義的任何活動，是綁定的習慣，它驅動了各個學科領域理解的追求；他與 Jordan（2005）在《於跨課程中探究的整合》一書中，不僅在科學領域，而且在數學、社會學科、歷史、地理與語文等諸領域，均有專章論述探究的運用。又 Treadwell 也認為它是一種廣泛的學習方式，為達日益理解的目標，必須經過探究學習，乃跨越科學領域，是課程典範的核心要素（引自黃湃翔、高慧蓮、陳淑敏、黃楸萍，2014）。職是之故，統整各領域的主題課程納入探究精神，乃為極其自然之事。

在抱持「任何學科領域皆可探究，非僅囿於科學領域」的信念下，筆者基於臺灣國科會實徵研究於 2006 年發表的《幼兒園課程與教學：探究取向之主題課程》一書中，提出「探究取向主題課程」此一詞彙，將科學領域中獲得科學知識的探究能力，即「科學程序能力」（Scientific process skills）——觀察、比較、分類、排序、測量、推論、預測、實驗、記錄、溝通等，於幼兒園主題課程情境中特意強調運用之，以凸顯主題課程原有之探究特性，並且與坊間缺乏探究精神、有如各學科領域拼盤的主題課程有所區別。此書出版後，研究者接續於輔導的幼兒園中落實此一探究取向的主題課程。

任何主題皆可探究！無論是偏向社會性的主題，如「我的社區」、「超級百貨公司」，或是較屬科學性的主題如「小種籽」、「光與影」，或是二者兼俱的主題，如「地球生病了」、「春天的公園」，幼兒均可運用探究能力與相關知能去探索未知或解決相關問題。以前述 2006 年書中「千變萬化的衣服」主題為例，它不完全是科學領域，然而幼兒確實運用科學探究能力，例如觀察、記錄、比較、上網、查書、訪問（裁縫師）、討論、驗證等，以增進對該主題的了解或解決相關的問題。例如主題進行歷程中曾比較、歸納並記錄衣服在圖案、樣式與裝飾、標籤及材質等方面皆有所不同，真是千變萬化！也觀察、比較、查閱並記錄春夏與秋冬衣服在各方面之差異；並且於多方探索後，繪製衣服從蠶寶寶到成衣的製作程序圖……，最後想幫自己的填充娃娃製作新衣，也歷經初步分享作法、以紙當布驗證製衣想法、再度觀看製衣影片、討論並歸納製作重點、正式畫設計圖、測量娃娃尺寸、實際製作等程序，終於為自己的娃娃穿上漂亮的新衣（周淑惠，2006）。可以說，幼兒在主題中運用與發展了相關知能。

世界上負有盛名的義大利瑞吉歐課程與美國的方案課程，均深富探究性（Krogh & Morehouse, 2014），幼兒在主題或方案中運用探究能力深入

探討某一議題或解決某一問題。以瑞吉歐「噴泉：為小鳥建造樂園」為例，此主題的初衷是幼兒想要設置一池清水給棲息在校園裡的鳥兒們解渴，經班上討論，拋出許多有趣的想法，如蓋鳥屋、鞦韆、噴泉、水車、摩天輪等，大家遂共同決定幫小鳥蓋有很多噴泉與水車的樂園，每一位幼兒均躍躍欲試、急於探索。過程中幼兒曾外出觀察噴泉、繪圖記錄、以各種方式表徵想法、推論噴泉如何運作、實地玩水探索與實驗水壓與水車、對談討論與下結論等。令人驚豔的是，最後在師生共構下，真的做出有水噴出的各式噴泉，如雨傘噴泉、吸管噴泉、摩天輪噴泉等，以及可供小鳥玩樂的其他設施如水車等（周淑惠，2006；黃又青譯，2000；張軍紅、陳素月、葉秀香等譯，1998）。無疑地，這充分顯現探究的特性，並在主題中運用與發展相關知能。至於美國方案教學的探究性，請見本書第二章「世界各地之探究取向主題課程」第一節之方案教學法。

在「探究取向主題課程」此一課程詞彙提出前，臺灣坊間也有一些幼兒園實施的主題課程頗具有探究特性，例如「愛彌兒幼兒園」、「四季藝術幼兒園」、「南海實驗幼兒園」等均享有盛名並出版課程紀實，成為師資培育的參訪對象與學習教材。以最早成立的愛彌兒幼兒園「鴿子」主題為例，在幼兒自己記錄的《鴿子的研究書》中，充分顯現其乃透過各種探究能力，如觀察、記錄、推論、實驗等，以建構鴿子的知識與了解。包括鴿子吃什麼？如何飛行？會游泳嗎？等（臺中市愛彌兒教育機構、林意紅，2002）。本書第二章第三節即介紹臺灣探究取向主題課程，包括以上幼兒園與筆者所輔導的幼兒園。

綜上所述，任何的主題情境均可讓幼兒探究，無論是美國深入探究的方案教學、顯現多元表徵的瑞吉歐經驗，或是臺灣的探究取向幼兒園，雖然各具有特色，均顯示幼兒在主題情境中一面積極地探究，一面運用與發展主題相關知能或解決相關問題，實有別於傳統教師主導、灌輸的

教學型態，這就是探究取向主題課程的精神。總之，它是一個在本質上強調探究能力與精神，在歷程中運用與發展知識，以及真正做到統整各領域的課程，但是它可以有多元的表現形式。下一章將進一步探討世界各地主題探究課程的理念、實務與實例，以利讀者理解探究課程的特性與精神，並能在實務上彈性運用，實施具有園本特色的主題探究課程。

二、與遊戲（課程）的關係：二者密切關聯為創造之平台

　　遊戲在近年來備受各國政府重視，而探究與遊戲的關係為何，為何本書不直接強調遊戲？首先，多數學者認為遊戲與探究的目的不同，探究是被外來的刺激或問題所引導──想獲得這個物品的特性或情勢狀況的訊息，例如「這個東西是什麼？」以及「它可以做什麼？」而相對地，遊戲是被個體自身所產生的問題所引導，例如「我可以用這個物品做什麼？」其次多數學者也認為，在時間上，遊戲多在探索之後，即先探索再遊戲，因為通常物品或情境是不熟悉的或尚未被了解時產生探索行為；而當物體或情境是熟悉時，就產生了遊戲，因此遊戲多在探索之後（Cecil, Gray, Thornburg, & Ispa, 1985; Johnson, Christie, & Wardle, 2005; Rubin, Fein, & Vandenberg, 1983）。

　　而遊戲專家 Johnson、Christie 與 Wardle（2005）曾綜合文獻更清楚地提出探索與遊戲有六點不同──時間（先探索 VS. 後遊戲）、情境（陌生 VS. 熟悉）、目的（希望得到訊息 VS. 希望產生刺激）、行為（定型的 VS. 變化的）、情緒（嚴肅的 VS. 快樂的）、心跳變化（低心跳的 VS. 高心跳的），就包含以上所述目的、情境、時間三點不同。

　　對於以上 Johnson 等人（2005）遊戲與探究的區分，筆者有不同的看法，認為遊戲與探究二者關係密切，甚至諧融共生，難以區辨。因為即

使是如 Johnson 等人所指被外來的刺激或問題所引導的探究行為，也是出自個體本身的動機意願，試圖去了解那個東西或情境的本質、特性，實在很難與這個東西或情境可以做什麼，或怎麼玩的內在動機導引的遊戲行為做截然的劃分，兩者皆是出於個體內在動機的趨使。又當孩童初到一個遊戲場，它很可能被新鮮的遊具、設備所吸引，雖然所有的情境是陌生的，卻抵擋不住立即投入遊戲的誘惑，可能先遊戲再慢慢探索，或一面遊戲一面探索；而無論是探索或遊戲，其身心是完全投入與神情愉悅的，似乎與 Johnson 等人所見不同——先探索再遊戲、嚴肅 VS. 快樂等。

又 Cecil、Gray、Thornburg 和 Ispa（1985）曾指出，幼兒通常始於「好奇」，即有興趣於這是什麼東西？接著是運用各種感官去「探索」以蒐集「這東西是什麼？」的訊息，即尋找這個東西的可能性；再而是「操作玩弄」試看可以用這個東西做什麼？即操弄這個東西的可能性；最後則是試試看可以「重新創造」、發明或解決什麼？也就是以不一樣的方式去把玩它。以上幼兒表現的順序為「好奇→探索→遊戲→創造」。

然而針對以上順序，筆者以為也有可能是第二、三步驟對調的「好奇→遊戲→探索→創造」表現，即幼兒在好奇下，急衝過去先玩起來，其後也在玩中探索著還有哪些不同的玩法？最後創造出不同玩法。甚至幼兒的表現也可能是遊戲與探究二者交織融合、同時發生的狀態，即一面玩一面探究，在遊戲的氛圍下探索著，或在探索的氛圍下遊戲著，二者相生相隨，幾乎完全交織融合，旁觀者也很難分辨他到底是在遊戲還是在探索。簡言之，探索與遊戲二者關係密切，甚而緊融密織、難以區分。

例如幼兒拿到手電筒時通常會很興奮地把玩、四處亂照（遊戲），當見到手電筒拿近拿遠，所被投射物體的影子大小也會跟著變化時，在好奇心的驅使下，可能形成探究程序中重要的推論或預測；然後再用操作行動去驗證其想法（探究）——不斷對著物體把玩手電筒，將手電筒或物體調近、調遠或從不同角度操作，觀看投影結果，最後將其發現大聲

宣布或手舞足蹈地宣示；而有時僅是為了製造不同投影效果的好玩目的（遊戲），不停地調整、試驗手電筒與物體（探究）。說實在的，這個孩子在遊戲中探索著，也在探索中遊戲著，是遊戲，也是探索。再如在「童玩」主題中對陀螺的探究，幼兒在拋打陀螺遊戲中探究何種陀螺轉得久、轉得好，也在探究行動中玩瘋起來，遊戲與探究，實難以區辨。

　　Hutt 等人則有另類看法，他們認為「探索也是遊戲行為的一種」，即遊戲有兩種層次，第一個層次是「知識遊戲」（Epistemic play），包括獲得知識與訊息，運用解決問題與探索的方式，發現「這東西是做什麼用的？」第二個層次是「嘻鬧遊戲」（Ludic play），假扮是嘻鬧遊戲的主要形式，在嘻鬧遊戲中，孩童發現「我能夠利用這東西做什麼？」（Hutt, 1989，引自 Wood & Attfield, 2006: 85）。也就是說，依據 Hutt 的看法，探索也是遊戲行為的一種，這兩種行為都是幼兒擬欲認識玩物及玩物的使用方法。

　　然而針對以上 Hutt 等人之「探索也是遊戲行為的一種」，筆者有相當不同的看法，認為探究的範圍較遊戲為廣，因為探索是求知的方法，無論是遊戲、生活事件、操作性物體等，皆可運用觀察、推論、驗證、溝通等求知探究的方法，一窺究竟或解決其中問題；正如本書將探究取向主題課程分為預設與萌發兩大類，而萌發課程則可分為「從扮演中萌發」與「從生活中萌發」兩類，均可運用求知探究的方法於課程中一樣。就此觀點，似乎探究所運用的範圍較遊戲為廣，本書確實強調任何的人、事、時、地、物皆可做為主題，加以探究；關鍵是當幼兒在求知探究時，誠如 Krogh 與 Morehouse（2014）在提到課程中納入探究的優點時指出，統整性的探究學習含有許多遊戲性活動，即反映筆者所指：遊戲與探究經常相生相隨、自然地有機結合，故而本書推崇探究，以探究為旨為名。

　　綜合以上不同看法，也難怪探索與遊戲常被相提並論，甚至有「探索

性遊戲」（Exploratory play）一詞出現，或將遊戲看作是一種「廣泛的探索」（Sponseller, 1982; Vandenberg, 1986, 引自黃瑞琴，2001）。而無論是「探索是遊戲行為的一種」，或者是「遊戲是一種廣泛的探索」，或是「探索性遊戲」，均顯示遊戲與探索二者關係密切、彼此鑲嵌，沒有必要刻意去劃分它們。重要的是，探索與遊戲行為聯合發生後，創造於焉而生，如同以上 Cecil、Gray、Thornburg 和 Ispa（1985）所指的幼兒表現，或是 Wood 和 Attfield（2006）所指，從探索至遊戲行為間的使用與轉換物體，均提供了創造力學習的環境。可以說遊戲與探究是幼兒創造的前奏曲，二者對幼兒發展與幼兒教育的重要性，無庸贅述。

三、與 STEM 教育的關係：充滿 STEM 經驗且更為全面

為因應人工智能新紀元與增進國家競爭力，近年來許多國家大力推行 STEM（Science, Technology, Engineering, Mathematics）教育政策，它的核心就是探究。例如 2009 年美國歐巴馬政府公布「教育創新計畫」（Educate to Innovate）即編列 26 億美元以培訓數萬 STEM 教師（請參見 https://obamawhitehouse.archives.gov/the-press-office/president-obama-launches-educate-innovate-campaign-excellence-science-technology-en）。第二年總統科技諮詢委員會（President's Council of Advisors on Science and Technology, PCAST）所擬的《為美國的未來預備與激發 K-12 年級的 STEM 教育》（*Prepare and Inspire: K-12 Education in Science, Technology, Engineering, and Math "STEM" for America's Future*）報告，又重申 STEM 教育的重要性，並提出幼兒園至高中的 STEM 教育（請參見 https://nsf.gov/attachments/117803/public/2a—Prepareand_Inspire—PCAST.pdf）。2013 年還成立了 STEM 教育委員會，公布五年聯邦計畫（Federal STEM Education Five-Year Strategic Plan），從聯邦政府層面大力推動 STEM 教育（請參見 https://www.whitehouse.gov/sites/whitehouse.gov/files/ostp/Federal_STEM_Strategic_Plan.pdf）。

　　再如 2016 年中國教育部在「教育信息化十三五規劃」中明確提出 STEM；2017 年又印發《義務教育小學科學課程標準》，倡導跨學科學習方式，建議在教學實踐中嘗試 STEM 教育。2017 年 6 月教育科學研究院在成立 STEM 教育研究中心的基礎上，召開第一屆中國 STEM 教育發展大會，並發表中國 STEM 教育白皮書及啟動中國 STEM 教育 2029 創新行動計畫（中國教育科學研究院，2017）。總之，STEM 教育已成為面對新時代、強化國家競爭力的教育改革與創新政策。

　　而 STEM 是什麼？它代表科學、科技、工程與數學四個英文字，現實生活顯示，科學、技術、工程、數學已經滲透、充斥於人類生活的各層面，所有人類欲加解決的生活問題與整部歷史文明的進步都無法脫離這四領域的運用；尤其在未來人工智能駕馭的社會，更需依賴這四領域，個體具備 STEM 素養，將更形重要。誠如 Zan（2016）所言，STEM 這四領域的整合可以行得通，是因為所有的這四科都涉及相同的程序，即解決問題的過程，雖然解決的問題可能不盡相同；而只要是解決問題就必須求知探究，STEM 教育的核心就是探究，它在學習上具有探究性與統整性。

　　就此，探究取向主題課程正好符合這樣的需求，它充滿了 STEM 經驗，筆者曾分析兩個探究取向主題課程的實例，發現其實在探究歷程中，就充分運用這四領域知能，也解決相關問題（周淑惠，2017a），十足反映 STEM 教育特色──運用設計與製作的「工程活動」、面對真實問題的「解決問題」取向、運用科學與數學等學科知識的「統整」取向（張俊、臧蓓蕾，2016）。此外，具有探究特性的方案教學創始者 Katz 等人也分析了方案課程實例，認為方案教學為 STEM 經驗提供良好的平臺，方案探究即 STEM 經驗，方案教學與 STEM 教育息息相關（Helm & Katz, 2016; Katz, 2010）。因此，探究取向的主題課程實符應當代各國教育的趨勢。

　　主題探究課程不僅充滿 STEM、STEAM（加入 A：Art，藝術），或 STREAM（加入 R：Reading，閱讀）經驗，充份運用這些領域知能，甚且更為廣泛。因為具探究性與統整性的探究取向主題課程以培養完整兒童為目標，關照幼兒全方位發展，著重認知、情意技能與各領域之均衡發展，超越以上 STEM 等範疇。筆者以為它更能培育能符應 Friedman 針對高速變遷時代而提出的「Stempathy」概念——綜合運用數理科技與同理等人際關係技巧的工作（廖月娟、李芳齡譯，2017）。即在大多數工作被機器取代的未來社會，急需具 STEM 知能暨具同理、關懷人性面的工作，工作者需「運用」當代科技，而且需具有冰冷科技以外的人性面向能力，例如醫生能與電腦互動運用它診斷病情（判讀、分析），而且也能給予病患心理支持，耐心與愛心地解釋、關懷與建議。

　　總之，鑑於探究是求知的方法，可適用於諸多領域，包含遊戲中所面臨問題，而孩子的探究經常也與遊戲共生，為創意的前奏與平臺，帶來創造表現，因此本書尊崇探究精神。值得注意的是，處於人工智能當道且高度變動時代，有利個體與國家生存且是各國大力推動的 STEM 教育——強調綜合運用科學、工程、技術與數學等領域知能，以解決日常生活中的問題，其核心精神亦為「探究」；而探究取向主題課程深富 STEM 精神，符合時代趨勢，其重要性自不待言。

2 世界各地之探究取向主題課程

在前章吾人論述探究取向主題課程的涵義，本章旨在介紹世界各地主題探究課程與其實例，讓讀者一探究竟以更加理解它。全章共分三節論述，首先於第一節探討美國方案教學法，第二節論述義大利瑞吉歐經驗，第三節則介紹臺灣探究取向主題課程。以上各課程的共通性都是在統整性主題課程之理念下，強調孩子運用探究知能的學習歷程。

第一節　美國方案教學法

以下分特色與簡介、課程實例兩大部分，介紹美國方案教學法，期能讓讀者對其充分理解，有心落實探究取向主題課程者則可基於自己的理念與課程發展理論基礎，加以適當轉化與運用，以做出具有特色的園本課程。

一、特色與簡介

方案教學源起於 20 世紀初美國進步主義思潮，最早倡導者是John De-wey、William H. Kilpatrick 等學者，基本上反對傳統的學科（Subject）教學型態，以各種有目的的方案（Project）（在大陸稱為項目），讓學生以行動去探究與解決問題；其後在 1960 到 1970 年代《普勞登報告》（Plowden Report），方案教學成為英國幼兒園與小學的主要教學方式。自從美國知名幼教教授 Lilian Katz 觀察了英國的教學後，她與 Sylvia Chard 遂於 1989 出版《探索兒童心靈世界：方案教學法》（*Engaging Children's Mind: The Project Approach*）一書，介紹方案教學（2014 年已至第三版），激勵了許多美國的幼兒教育機構陸續採用此一教學方式（簡楚瑛，1994；Katz & Chard, 2000; Katz, Chard, & Kogan, 2014）。Chard 接著在 1992 出版《方案教學法：教師實務指引》（*The Project Approach: A Practical Guide for Teachers*）；後來 Judy H. Helm 與 Katz 也於 2001 年出版《小小探索家：幼兒時期方案教學法》（*Young Investigators: The Project Approach in the Early Years*）（2016 年已至第三版）。

如上，方案教學主要源起於進步主義的思想（Helm, 2012; Katz, Chard, & Kogan, 2014），舉如 Dewey 認為教育應被視為動態與持續的歷程，其目的是在增強學習的能力，即學習如何學習，傳統直接教授且分科教授學科內容的方式會導致靜態的教育過程。此外，孩子具有四個利於就學的學習本能或衝動——社會、建構、探究與表達；申言之，孩子想要與他人溝通、互動，於遊戲與建構中發現事物、解決問題，並充滿好奇想要一探究竟、找出原因，最後基於社會本能，想要述說、以藝術表達其所探究事物。而以上這四項孩子的本能，在方案教學中都被充分彰顯或運用（Helm, 2012）。

方案教學也受到其他學者如 Bruner 的影響（Helm, 2012），並與河濱街課程（Bank Street）有些類似之處（Katz, Chard, & Kogan, 2014）。筆者以為，Katz 介紹方案教學後於美國興起之初，亦受當時建構主義的催化，日益茁壯；然而，其後也曾受到義大利瑞吉歐經驗的激發或影響（Helm, 2012; Katz, Chard, & Kogan, 2014），不斷地成長演化，而今業已成為幼兒教育盛行的教學模式。而所謂方案（Project）是「一個主題或議題的深入探究」（Chard, 1992: 30），茲再引述 2014 年第三版《探索兒童心靈世

界：方案教學法》作者所言（Katz, Chard, & Kogan, 2014: 10），以更加理解其意：

> 　　長期深入地調查或研究一個特定的議題……一個方案的主要特徵是：它是對學習者有興趣與具潛在價值議題的一個探究。探究涉及孩童尋求回答他們個別、共同及與老師合作形成的問題的答案，它包含各種各樣的研究程序與步驟。方案通常也包括尋求於探究進程中所產生的許多新問題的答案。

　　簡言之，方案教學最主要的特徵是「幼兒進行探究以尋求問題的答案」，因此，其實施涉及如同科學領域教學的重要基本程序：始於對議題產生問題，接著預測可能的答案；然後針對問題藉討論列出想要蒐集的資料與方法，包括蒐集資料的地點與訪談的專家，以驗證其預測；於是進行實地蒐集資料即探究的工作；最後產生新知與理解，並分享他們的發現（Helm & Katz, 2016; Katz, 2010; Katz, Chard, & Kogan, 2014）。例如在「球」的方案中，孩子提出的問題（與預測）為：什麼球彈跳最高？（海灘球、網球）什麼球最重？（保齡球、海灘球）什麼球滾得最遠？（撞球）等等，然後以諸多實際行動試圖驗證其預測是否正確（Katz, 2010）。

　　基於上述，可見方案教學與傳統教學截然不同，它有幾個明顯相異點：(1)孩子直接投入所欲探究主題的問題中；(2)以探究行動回答所提出的問題；(3)在探究進行方向中，對可能的轉變持開放態度；(4)孩子擔負所需完成的探究工作與準備表徵報告的責任（Katz & Chard, 2000）。相對地，傳統教學是老師有順序地呈現教材以及運用練習與獎懲，主導著幼

兒的學習，基本上，孩子是被動的收受學習者；而方案教學的孩子是主動探究或遊戲、回答問題與建構知識的積極學習者。

　　大體上方案的發展有三個階段，每個階段都有一些重要工作（Chard, 1992; Helm & Katz, 2001）：(1)階段一起始——確定興趣並回顧知能與羅列探究興趣；(2)階段二開展——提供新經驗與探究機會；(3)階段三——總結評估、省思與分享學習。從這三階段工作中明顯可見它非常重視孩子的興趣與積極探究。而這三個發展階段的每一個階段均具五個重要的特徵或結構性流程：始於團體討論、接著實際研究、再來以各種方式表徵、然後持續探究、最後則是展示分享（蔡慶賢譯，1997；Katz, Chard, & Kogan, 2014），如是五流程分別於起始、開展與總結三階段中循環出現。

　　Helm（2012）的文章以及 Helm 與 Katz（2016）在第三版的《小小探索家：幼兒時期方案教學法》一書中，更清楚羅列這三階段的重要步驟：

（一）方案起始

　　第一階段的具體步驟為：(1)選擇方案主題；(2)教師完成預期的計畫網絡圖；(3)建立共同的活動與經驗；(4)與孩子共繪概念網並找出孩子已知概念與欲探究問題；(5)預備探究的情境與教室。詳言之，無論是兒童萌生或教師根據幼兒興趣而選擇的方案，都要取決於幼兒是否感興趣與可行否，教師可先行自繪計畫的網絡圖；然後藉著師生共同繪畫「主題網」，以回顧幼兒現有知能與興趣，而且也規劃接續階段的實地探究內容。重點是在過程中讓孩子以各種方式表徵對於主題的理解與經驗，如繪畫、戲劇演出、團討等，最後則列出所欲探究的問題並著手預備教室情境。

（二）探究開展

　　第二階段的具體步驟為：(1)檢視教師預期的計畫網與孩子的探究問題網，將學業技能與概念融入；(2)知會家長，聯繫探究的場所與邀訪的專家，並為孩子預備好相關的探究技能；(3)實際進行探究（含參訪校外場所、訪談專家、與其他探究如實驗、查閱書籍、把玩物體等），以繪圖記錄、拍照、測量、計數等方式，蒐集相關資料；(4)以塗鴉書寫、繪畫、討論、肢體戲劇等多元方式，表徵與分享探究的結果；(5)重新檢視已繪網絡圖或重繪，以指出已經學到的部分、新的問題；並且(6)重複地進行探究與表徵。

　　進言之，實地探究階段之初，教師宜先聯絡欲參訪處所，孩子則透過團體討論以思索為回答所欲探究問題的蒐集資料方式，接著就帶著紙筆與相關工具實地出外探究；此外，亦可邀請對主題有經驗的專家到教室來分享，幼兒可以藉提問、討論以解答心中疑惑。而在探究後回到教室，可以安排團體分享所聞所見，或是進行其他形式的探究以蒐集回答問題的資料，如查閱資料、進行實驗等，然後運用各種媒體素材表達探究的結果，如仍有疑惑待解則再進行另次的實地參訪或其他形式的探究。如此重複探究與表徵，並在主題網絡上標明探究內容與所得。

（三）高峰總結

　　第三階段的重要步驟為：(1)回顧所學並規劃高峰活動以分享所學；(2)進行高峰活動；(3)檢視整個方案，評量目標達成情形。細言之，方案結束前安排一次分享與展示探究成果的高潮事件或活動，透過這樣的機會，幼兒可以檢視與統整這一段時間探究或遊戲所學，繼而透過創意的表徵方式，如戲劇演出、作品展出，將新知識內化。此一階段與前二階段同，均包含團討、實地參訪、以各種方式表徵、持續探究、展示分享

五個結構流程。

　　總之，方案教學與教師主導及灌輸的傳統學科教學型態非常不同，它源於進步主義，發展之初經建構主義的加持與後續受瑞吉歐經驗的影響下，日益茁壯。以類似主題的方案計畫讓幼兒探究與解決，幼兒在三階段五步驟歷程中，以提問、預測、討論、驗證、溝通等探究行動回答問題並建構知識，是充滿動機的主動學習者。

二、課程實例

　　在此介紹顯示以上三階段歷程的「照相機」方案，是三、四足歲混齡班所進行的方案（Helm & Katz, 2016），雖然只有三、四歲，但仍充滿探究之美。它乃源於教師在娃娃家放了一部照相機做為孩子扮演遊戲的道具，孩子果真拿著它拍照著玩。老師在照相機內放入底片讓他們自由拍照，第二天帶入沖洗好但「不知所拍」的凌亂照片，有地板、天花板與手指尖等，於是全班討論要如何真正拍出照片？怎麼拍好人的照片？遂開啟了這個非常投入的方案。

　　而當決定要把它當成下一個進行的方案時，老師們合作繪製所預期幼兒可能會面臨的概念，例如不同種類的照相機、在哪裡拍照、膠捲與其運作、照相機歷史等，也規劃了不同領域的活動；同此之時，教師也在教室加入拍立得相機、數位相機與膠捲相機，引發孩子們提出許多相關問題。而當孩子所照的相片被沖洗後，則讓其放入相片剪貼本，可以說大約花了一個星期的時間建立興趣與背景知識。

　　接著老師召集孩子討論他們對相機已經知道的事情，並當著孩子的面分類、組織他們的想法於網絡圖上，然後表列出一系列想探究的問題，於是就結束第一階段的起始期，進入第二階段的探索期。一開始老師放了一些素材，如肥皂盒、紙捲圓筒、線、牛奶蓋等，並在美勞桌放了一

部真正的照相機，挑戰幼兒可否用這些素材創作一部屬於他們自己的照相機；又在小組活動中測量底片膠捲長度，以比較哪種相機的底片最長；以及孩子拆解相機、取出零件並檢視不同的零件等。

　　探索期中，有兩位專家來訪，一位是孩子的家長，她是專業攝影家，連助手都跟來了，在教室裡架設起攝影棚，以小組方式讓孩子進入參觀並教孩子如何聚焦拍照的整個程序，最後幫孩子拍照。另一位是當地相機專賣店的老闆，孩子先將想問的問題記錄下來，以供訪談老闆時的參考；老闆來時帶了不同類型的相機與附件，讓孩子看到相機的內部，並解說零件名稱及其作用；還帶著孩子到林中小徑，教他們如何聚焦事物與拍照。在他走後，教室裡的陳列桌上放了不同種類的相機與圖書，以及架設起照相機拆解桌；之後師生參觀了沖洗底片的暗房，孩子問了許多問題，對底片沖洗程序相當感興趣。

　　此時，整個教室瀰漫著照相機方案，每個角落素材或活動或多或少都與之相關。如發現區有真正的照相機、照相機手冊、螺絲起子等工具、相關圖書、照相機拆解桌、以標籤命名照相機零件等；娃娃家有暗房、相機店、相機、底片、三腳架等；藝術區有底片盒繪畫、相機創作、照片剪貼、黏土工、底片創作等。整體而言有許多操作性的探索活動如拆解相機，也有表徵活動如創建攝影棚，以及校外參訪後，孩子創建的一間暗房等。此外，牆上展示著孩子所創造的文字牆，上面是他們所學到的照相機資訊，如膠捲測量表、想探究的問題與解答、概念網絡圖等。

　　到了第三階段的總結期，孩子接受老師的建議，邀請其他幼兒園孩子到教室參觀「照相秀」，孩子展示照相機與三腳架以及教示來賓如何拍照；他們還假裝幫來訪者拍照，陪他們進入暗房與觀察沖洗照片過程；也帶參訪者到拆解桌並用真正的工具探索相機裡有什麼。檢視整個過程，孩子從觀察、訪談、記錄、討論、拆解、實際操作與溝通的探究過程中，學到了轉動鏡片焦圈的聚焦照相與按鈕照相的知識，以及暗房沖

片要注意的觀察順序，和拆解相機時要用標籤命名與內部零件作用等；
此外將探究結果以布置具體攝影棚及暗房創設、相機創作和文字牆訊息
等，加以表徵與溝通。

第二節　義大利瑞吉歐經驗

　　以下分特色與簡介、課程實例兩大部分，介紹義大利瑞吉歐經驗，期能讓讀者對其充分理解，有心落實探究取向主題課程者則可基於自己的理念與課程發展理論基礎，加以適當轉化與運用，以做出具有特色的園本課程。

一、特色與簡介

　　瑞吉歐艾蜜莉亞（Reggio Emilia）是義大利東北部的一個小市鎮，其幼兒教育在近年來享譽國際，榮登於《*Newsweek*》雜誌之世界最好學校報導、《*Young Children*》雜誌的封面，成為全球參訪的對象。不過瑞吉歐經驗並不長，它源起於二次大戰法西斯主義結束後，人們渴望重建新生活，一群鄉間家長特別是婦女想要從廢墟磚塊中為其子女建立一個更好的幼教體系，希望它反映社區價值以及促進孩子批判思考與合作能力，因為這些對民主社會都是很重要的。身為中小學老師的 Loris Malaguzzi 因緣際會地相遇並受其感動，就成為思想上的領導者、發言人與創始者，在 1963 年幫助該市成立第一家市立幼兒園（Gandini, 2012; Stremmel, 2012）；到今日約有 40%的市民就讀於市立嬰幼兒中心，若再有空間，可能會增加 10%到 20%（Gandini, 2012）。

　　瑞吉歐的幼兒教育者在幾次的國際研討會中鄭重聲明他們的課程絕非是前述之方案教學法（Project approach），而是在義大利與瑞吉歐本身社會文化脈絡下所孕育出來的特有課程模式（薛曉華譯，2000；New, 2011a, 2011b; Stremmel, 2012）。根據 New（2011a, 2011b），美國方案教學與義大利瑞吉歐課程不同之處在於：(1)基本上是建立在義大利文化與社會脈

絡中的幼兒教育；(2)更強調創造力與符號的表徵，認為孩子有一百種表達方式；(3)它也是一個以參與現實生活為基礎的挑戰課程；(4)在孩子探究過程中納入家庭與社區成員，強調社會建構。

（一）理念與教學

　　瑞吉歐的理論基礎其實來自於多元學說，如美國進步主義的 John Dewey、生態系統論的 Urie Bronfenbrenner、多元智能的 Howard Gardner、建構主義的 Jean Piaget 等。Piaget 的建構主義對瑞吉歐的哲學基礎是很重要的，因為他很重視孩子的思考與經驗，激發瑞吉歐教育者非常尊重與注意孩子的言、行與思考（Gandini, 2012; Stremmel, 2012）。然而瑞吉歐教育創始者Malaguzzi也明白指出：Piaget的建構主義孤立了兒童於建構知識中的角色，顯示幾個重要缺憾，諸如：低估成人在促進認知發展上的角色、鮮少重視社會互動、顯現思考與語言間的距離、太強調結構性的發展階段、太認定幼兒的自我中心等，因此瑞吉歐開始把注意力轉移到認知發展的社會互動上，即 Lev Vygotsky 社會文化論（Gandini, 2012; Malaguzzi, 1993）。

　　知識建構無法脫離社會文化情境，Vygotsky 的「社會與文化中建構的知識」觀支持瑞吉歐教育者視「教育是一個關係系統」的作法：教育系統必須是對話、形成關係與夥伴的地方，在此系統中，成人與孩童藉由日常活動經驗彼此合作與協商意義；即學習發生在社會情境中，特別是在成人敏銳的引導及與能幹同儕的合作下，孩子投入於解決問題與探索中的互動交流（Gandini, 2012; Stremmel, 2012）。換言之，瑞吉歐幼兒園充分顯現共同建構的特色：(1)鼓勵幼兒間交流對話，了解彼此觀點；(2)建立全體對一個探究主題的共同理解；(3)促進孩子想出想法、假設或做結論；(4)鼓勵幼兒檢視想法的可行性與完整性（Forman, 1996, 2005）。Forman 與 Fyfe（2012）將反映共同建構要義的學習稱之為「磋商式的學

習」（Negotiated learning），它包含三個重要成分：設計（多元媒材的表徵）、對話與文檔紀錄，三者間的關係是雙向循環、彼此相互作用與影響的。

其實瑞吉歐幼兒園也看得出「教」與「學」對立的困境，Malaguzzi曾明白指出 Vygotsky 的「近側發展區」（Zone of proximal development）理論給予教師教學適當介入的正當性，因此，瑞吉歐幼兒園的老師在幼兒探索時，也會適時搭構鷹架與介入，支援幼兒的建構行動（Gandini, 2012; Malaguzzi, 1993），即共同建構也。誠如訪談中，Malaguzzi 認為：

教與學不能站在河的對岸，只是觀望河水流過；相反地，他們應該一起走下水路，透過一個積極、互惠的交流，讓老師的教學強化孩子知道如何學習。（Gandini, 2012）

誠如 Rinaldi（1993）指出，在共同建構中的老師，並不是完全放任幼兒建構，在 Vygotsky 近側發展區理論影響下，必要時老師會適時介入，例如挑戰幼兒的答案以引發認知衝突，或採取行動以補救高於或低於目前認知的建構行動，或者是激發已失興趣的一個探究情境；因此，對老師角色很大的挑戰是：成人必須出現於共構中，但又不能干擾打斷、強行灌輸。一言以蔽之，瑞吉歐的課程是一個共同建構的課程，老師與孩子、其他老師、父母形成學習者社群，既非教師主導的課程，也非孩子為中心的課程，它源自於孩子的啟動與萌發，老師重新架構與支持的（Forman & Fyfe, 2012）。

又 Malaguzzi（1993）曾誇讚 Vygotsky 提出非常珍貴的教育洞見，即語言幫助人們思考，是一項重要的心智工具。瑞吉歐幼兒園不僅強調孩子在探究時運用語言心智工具，而且也很重視運用各種型式的表徵工具，

因為孩子本就具有一百種表達的語言及多樣表徵方式，例如繪畫、雕塑、肢體表現等，而且也樂於表現（Edwards, Gandini, & Forman, 1993）。在透過各種表達媒體，幼兒表露其現階段想法、理論、甚或行動方針；再經持續不斷地表徵、對談、實作與重訪經驗（Revisiting）等步驟，以試圖修正其想法。即藝術媒體不僅有表徵功能，而且是一項重要心智工具，持續表徵是瑞吉歐幼兒探究知識的重要方法。

綜論之，瑞吉歐幼兒園是一個充滿藝術表徵與對話交流的學習社群，內有許多學習團體，其四個重要特色是：成員包括成人與幼兒；製作可讓學習明顯可見且能形塑刻正學習的「文檔紀錄」（Documentation）；共同從事情感、美學與智慧方面的學習；學習延伸於個人之外，最後創造一個集體的知識（Krechevsky & Mardell, 2001）。在共同建構、磋商式學習下，瑞吉歐幼兒園的教學經筆者綜合分析，有七項重要策略與特徵，這些教學策略乃相互為用，促進社群的共同探究行動：(1)重溫舊有經驗或想法；(2)鼓勵協同合作；(3)促進交流對話；(4)傾聽各種表達；(5)提供多元媒材；(6)表徵幼兒想法；(7)記錄探究軌跡並展示（周淑惠，2006）。

（二）空間與人員

瑞吉歐的空間與人員頗具特色。首先空間具有教育功能，相當於教室中的第三位老師（Edwards, Gandini, & Forman, 2012），為實現社會互動、共同建構與一百種語言，有如下設置：(1)位於中心的集會廣場（Piazza）——顯示園內與社區層層文化，也是幼兒分享遊戲與交流之所；(2)頗具特色的藝術工作室（Atelier）——緊鄰於每班教室旁、充滿表徵媒材的小空間；(3)四處牆面貼有文檔紀錄面版（Documentation panels）——流露著各團體各研究方案的軌跡，顯示幼兒的探究成果與記錄者的省思，供家長、社區欣賞與討論。以上這些空間安排顯示四個特性：(1)具有大、小

空間且與外界相通、適宜人居的「整體柔軟性」；(2)強調豐富感官刺激與尊重不同感受的「多元感受性」；(3)珍視研究、實驗的「知識建構性」；以及(4)強調不同元素交互作用產生動態平衡和諧美的「豐富常態性」（Ceppi & Zini, 1998）。

其次論及瑞吉歐教育系統中的三類重要成員：(1)每班兩位合作且互補的「協同教學教師」——當一位老師教學時，另一位則與別班老師、家長或教學專家進行溝通，展現協同合作榜樣供幼兒學習；(2)每天巡視教室，協助孩童表徵工作的「駐校藝術教師」（Atelierista）——協助幼兒以各種媒材表徵想法，並與老師、家長及教學專家等密切合作，幫助孩子建構知識；(3)擔任局內人也擔任局外人角色的「教學專家」（Pedagogista）——促使教師省思孩子的學習，幫助改善觀察與傾聽技巧，為孩子的方案計畫做檔案紀錄與執行自己的研究；同時鼓勵幼兒園藉由訪問及研討，與家長、社區、城鎮，或是更廣大社會甚至是國際社會交流合作（Edwards, Gandini, & Forman, 2012）。

可以說教師的角色是多元的，且非常不同於其他課程模式的教師：由課程計畫者轉為「共同建構知識者」、由方案計畫者轉為強調有如第三位教師的「環境的創造者」、由促進遊戲轉為「知識理解的交流者」、由提供引導改為「能幹孩童的支持者」、由觀察者延伸到「文檔紀錄者與研究者」、由教育父母者轉成「與父母夥伴者」、由對聽眾溝通轉為「聆聽者、激發者與意義磋商者」（Edwards, 2012）。

綜合瑞吉歐經驗的特色，由以下學者之言可見大略。New（2011a, 2011b）指出瑞吉歐有五項重要特徵：(1)環境是一可邀大家學習及發展彼此關係的社群空間；(2)孩子的符號語言是表達與探索的重要手段；(3)文檔紀錄是觀察、研究與溝通的重要工具；(4)課程方案是孩子與成人合作的論壇；(5)與家長建立互惠與互敬的合作關係。Stremmel（2012）指出瑞吉歐經驗具有幾個重要成分：(1)孩子的意象是具有權利、自出生始就能

與人形成關係與製造意義的一個強壯能幹個體；(2)環境被視為是能強化孩子的好奇感與學習能力的第三位教師；(3)老師扮演經常觀察、反思、討論的角色；(4)注意孩子的表現與讓學習看得見的文檔紀錄；(5)實施孩子萌發與老師架構的協商課程，既非教師主導也非以孩子為中心；(6)家長有權參與所有教育經驗為教育夥伴。Cadwell 則指出瑞吉歐大體上有七項基本理念：將兒童當主角、將兒童視為合作對象、將兒童視為溝通者、將環境視為第三位老師、將老師視為工作夥伴、教育者與引導者、將老師視為研究者、將檔案的引用視為一種溝通（引自薛曉華譯，2000）。

　　總之，瑞吉歐經驗是義大利社會文化所孕育出來的，視孩子為能幹與有權力的個體；在課程與教學理念上則較持社會建構觀點，於實務顯現具百種語言的多元表徵與共構的學習社群。而在師生協商共構下，可以說課程好似一個旅程般，隨時有意想之外的發展，教學主題則變成幼兒的探究方案（Krechevsky & Mardell, 2001），充分顯現令人驚豔的探究結果。以上這些都具體而微地顯現在其有如第三位教師的環境空間、具研究與溝通功能的文檔紀錄、以及多元教學策略與教師角色、各類教學成員等各個面向上，不過這些不同面向特徵是彼此關聯、無法分割，共同組成瑞吉歐教育系統（周淑惠，2006）。

二、課程實例

　　以下分享「劇院簾幕：轉化之環」課程，這是五、六歲孩子透過探索劇院、表徵繪圖、敘事故事與電腦科技，所共同設計與製作的歷史劇院舞臺簾幕暨精彩課程（Vecchi, 2002）。孩子對城裡的歷史性劇院都很熟悉，因為經常跟父母觀賞表演或聽音樂會。方案之初，老師先和孩子們對談以了解孩子對劇院的看法，然後讓孩子們運用各種方式探索此歷史

劇院，例如整隊跑過門廊並用手輕觸系列圓柱以發出聲音、於長廊空間中追跑、攀爬劇院的大型圓柱底座；以繪圖探索不同角度的劇院面貌；脫鞋恭敬地進入劇院並沉醉地仰頭欣賞、臥地觀賞、站在中央處轉身再轉身、四處溜走、沿周圍廊壁行走並以手觸摸；繪畫劇院內部等。孩子對劇院前面的高大圓柱，內部整體拱形設計、大水晶吊燈、塗金的粉飾等，非常驚豔、印象極為深刻。

　　孩子接著探索舞臺簾幕並說出許多想法，老師藉機詢問共同設計與製作簾幕的可能與看法，有孩子說出「一個很大、可以容納所有孩子想法的表面」，在七嘴八舌之後，大家決定共同製作，並建議有人最好上去舞臺去測量它有多大。於是孩子們運用身體單位去測量，如計數張腳行走的腳步數，共 23 步。回到幼兒園後，老師建議孩子在園裡中央廣場再現舞臺簾幕尺寸，孩子們再度運用腳步測量與在尺的運用及幫助下，發現簾幕的尺寸與整個學校的中央廣場一樣大。為了更加了解劇院運作，曾再訪劇院裡未開放參觀的區域，如後臺設備像是大墊板上的許多開關與纜線、降下簾幕的機關設計等。

　　其後老師詢問孩子，什麼是最合適的劇院簾幕意象？孩子們有許多想法，分析孩子的想法大致有三類：漂亮、重要、有趣的，例如「有漂亮翅膀的蜻蜓」、「漂亮像天空的形狀」、「許多植物與花」、「有些真正漂亮的蚱蜢」、「太陽更漂亮因為他真的很重要」、「還有快樂、和平畫起來有趣、好玩，真是一件漂亮的事」、「更有趣的是畫地球、月亮與星星」。於是孩子以想像作畫、當場揮筆與參看照相畫冊仿畫，但是如何將這三類不同的主題結合以產生有意義的關係呢？老師衷心希望繪畫能表現出事物間彼此關係與生命的節奏感，例如葉脈不只是線條，它還傳達意涵；月亮、太陽是與周遭實體有關係的複雜系統。

　　此時有一個孩子在葉子網絡線條上畫上眼睛並說：「我的植物正在轉換變化，它在轉化（Transformation）的階段。」然後又說：「為什麼我

們不讓所畫的東西轉化成另一件東西呢？」老師問大家：「你們覺得 Giovanni 的想法如何？你們知道什麼是轉化嗎？」引起孩子熱烈討論轉化最後並接受這個想法，但條件是主體要決定轉化與否並可回復原狀。於是在藝術老師的協助下，發給每人兩張紙與許多材料，一張紙畫原本狀態，另一張則是畫轉化過的；孩子大都選擇鉛筆，可能是鉛筆是可以擦掉的，讓他們可以嘗試與試驗不同的轉化效果。從孩子的畫中可以看出，轉化的作品其主體並未完全消失，它的部分總是存在著，例如蚱蜢轉化時，它總是有一點點腳的意象、一點點其他事物；太陽因有能量使其根成長，月亮則轉化成銀河系。也有的畫並未轉化，如有幼兒畫的蚱蜢。

　　孩子們均個別畫了好幾幅畫，接著必須讓個別畫件間進入有意義關係的階段，以成集體創作。在老師幫助下，選擇他們認為最適合做為簾幕的繪畫物件，經掃描後放入電腦以做拼組工作；另外也使用傳統的影印方式，將個別畫件影印並剪下，放到大的紙張上拼組。運用 Photoshop 與 Pagemaker 軟體，孩子在電腦上探索著尺寸變化、組合或重疊變化、旋轉效果等，經歷了知覺與概念上的變化；其後從孩子的電腦探索中，可以看出有許多有變異的圖像。同時也試驗與比較傳統拼組與電腦拼組兩種方式的異同及是否能彼此交叉增強。而這兩種拼組方式的指引都是將個別畫作放在一特定空間中，然後以故事建構方式將各畫件間拉上關係，即尋找畫作的意義。

　　進入設計階段，老師將拼組後的圖案製成透明片，然後投影出來，讓孩子感受未來真正巨大的簾幕。接著男女生分組用放在地上的大型紙張代表舞臺簾幕，將影印在透明片上的畫件在大紙張上操作，即一面以說故事方式連結意義、一面旋轉與重組。以男生為例，他們將其設計命名為「轉化之環」，因為一個東西轉化為另一個東西，又轉化成另一個東西，如「從前有一隻蜻蜓整個冬天都待在太陽那裡，太陽因有很多能

源，遂將蜻蜓轉化為另一隻；牠飛到月球上，然後銀河的能源太強大了，把牠轉化成一隻蚱蜢飛到一株植物上；這株植物把牠轉化為一隻不同的蚱蜢……。」孩子還建議要塗上色彩，才能顯示轉化為不同的東西。最後則將男女各組共識的組合在電腦中重建印出，以供後續討論與選擇。

在選擇最後設計的時候，男女生兩組對談，有女生說轉化之環看起來只是一個圓形而已，有一個男生則回應說可是他們的作品有表現轉化，另一男生說它是一個有故事的環形。過程中女生逐漸軟化，本來男生很民主地想把女生的正方形排列放入他們的環形之中，不要遺漏任何畫作，最後全班投票後還是選擇男生的環形之作。老師將孩子選擇的作品從電腦上放大輸出上蓋透明塑膠紙，帶著孩子到劇院的大型畫閣，在塑膠紙上塗上顏色，孩子則小組輪流塗色，共進行了二十多天才完成。孩子有時自己專注地畫，有時彼此討論或給意見，筆刷的力道與不同的顏色重新定義了物體間的關係與外型，孩子也用數位相機記錄他們創作的進展。

最後轉化之環完成後全班都到劇院以橘子口味汽水乾杯慶祝。在正式亮相典禮前舉辦了一次家長與小孩的非正式預覽。而在正式掛簾典禮時，孩子則穿著禮服參加，先欣賞演出，於市府官員致詞後，老師向觀眾解說整個創作歷程，坐在前排的孩子則補充老師遺漏之處。最後在音樂開始演奏每人都站起之時，視覺效果很強的簾幕降下，觀眾都鼓掌致意，整個場面很感人，三位知名畫家也致詞結論，孩子們則上臺接受掌聲，顯示學習社群感。

現在舞臺簾幕還掛在劇院，它代表孩子的文化與象徵想像！可以說整個歷程中，孩子以觀察、肢體接觸、作畫記錄、測量等不同方式探究劇院內外與舞臺簾幕；並透過鉛筆作畫以試驗各種可能的轉化圖像；以及運用電腦科技與傳統影印拼組，探索與比較兩種不同方式的效果與結合

的可能性；此外還透過孩子的討論與敘事故事，將畫作賦以意義，並對談與選出代表性設計。而過程中教師希望畫作能表現生命的節奏感，孩子也能體會其意，創作轉化之環，完全顯現既非教師主導、也非幼兒主導的合作共構。

由於著作權的關係，在此無法呈現上述的畫作，有興趣的讀者可以參見由 V. Vecchi（2002）所主編的《劇院簾幕：一個轉化之環》（*Theater Curtain: The Ring of Transformations*）一書中的拉頁。

第三節　臺灣探究取向主題課程

　　以上瑞吉歐經驗與方案課程，因是世界有名的課程模式，受到全世界矚目，故而花較多篇幅介紹其課程的特色，再輔以課程實例說明。然而臺灣也有一些實施主題課程的幼兒園，亦深具探究性，例如臺中愛彌兒幼兒園、臺北市立南海實驗幼兒園、筆者輔導的新竹親仁幼兒園等，故本節簡介這三家幼兒園與其所實施的主題探究課程實例，讓讀者理解探究取向的主題課程可以有多種形式，各園在參考這些園所課程後，可以審視自身的各方面條件與在地優勢，慢慢做出具有特色且具探究精神的園本課程。

一、愛彌兒幼兒園

　　愛彌兒幼兒園是在 1981 年成立的私立幼兒園，從 1989 年成立研究企劃室、延聘專職的課程與教學專職企劃、規劃開放式學習區始，就不斷地進行園所課程創新與專業成長，逐漸確立「全人發展、建構取向」的園本課程，並出版課程紀實如《鴿子》、《甘蔗有多高》等，是向華文世界分享其精彩主題課程的第一園，在幼教界已相當富有盛名（張斯寧，2007）。以下分享愛彌兒幼兒園的「甘蔗有多高？」課程（臺中市愛彌兒教育機構、林意紅，2013），基本上它是孩子在種植甘蔗面臨相關問題的探究中，以嘗試錯誤、發現答案與解決問題的一個課程。

（一）主題萌發——那根長長的是什麼？

　　初始孩子的主題課程是與稻米有關，在十月下旬稻子熟了的田裡參觀時，發現田邊長長的植物甘蔗，回園後又看到小班菜園裡也種了甘蔗，

便轉移到甘蔗的探究。首先孩子提議去請教農夫有關甘蔗問題，接著回園種植甘蔗。

（二）甘蔗長多高？怎麼量？

其後在照顧甘蔗中觀察、記錄並注意到甘蔗長高了，老師以拇指與食指模仿孩子的動作並提問「你剛才比的是這麼高嗎？」引導孩子理解「測量」的需要，開啟了幼兒運用隨意單位（如毛線、紙條與涉及連續量與分離量的連環扣）以探索教室櫥櫃的長高度的測量與估算活動。

（三）愛彌兒有多高？別人怎知道那是多高？

孩子測量教室各種櫥櫃後，以涉及連續量與分離量的連環扣，實際從樓上放下連環扣且中間樓層與樓底下都有人的方式，測量愛彌兒樓層的高度，發現有 353 個連環扣。老師續問 353 個連環扣是多高？別人會知道嗎？孩子從家長得知用常見的尺可以測量，於是運用標準測量工具再度測量愛彌兒樓層的高度，但是捲尺不夠長怎麼辦？孩子先想出捲尺底下接連環扣，又有孩子想到用間接比較方法，即用捲尺量 353 個連環扣，捲尺 500 公分，再重複接續測量剩餘的連環扣，最後得知是 1251 公分。

（四）甘蔗被拔了怎麼辦？柵欄要買幾根木頭？怎麼鋸一半？

之後因所種植的甘蔗被拔了，孩子討論出要做柵欄保護，先畫設計圖，計數後共需 35 根木頭；實際採購時發現木頭很長可以裁成兩根，推算出只需買 20 根木頭就夠了。孩子回園後以身高為柵欄高度並在木頭上做記號，把每根木頭鋸成長短不同的兩根，才發現不夠用。老師提問請孩子想辦法，孩子想到把木材變成一半，但一半在哪裡？孩子想出各種

辦法找出一半，例如將木頭放手上找出像天平一樣平衡的點，找出從兩端各往中間移進的相會處，用連環扣、毛線量後對折，最後是用長長的紙條量後對折，終於鋸出兩根長度一樣的木頭。

（五）柵欄要怎麼圍？間距如何一樣？

鋸出的木頭插不進去土裡，孩子看過菜圃牌子底下是尖尖的，於是在老師幫忙下慢慢鋸出尖尖的；但在實際圍菜圃時，因木頭間距小沒有圍滿甘蔗植圃，在嘗試錯誤三次後終於圍住了。老師提問孩子有一邊寬、有一邊窄，要怎麼樣才能都一樣寬？孩子終於想到可用尺來量，共同決定以15公分為間距；但孩子所調整的木材間距還是不等長，才發現有的有測量木條本身、有的沒量；再次調整後，孩子怕忘掉間距，遂於地面畫記。回室內要將木條釘到橫桿時，發現劃記在菜圃地上，因此不知木頭要釘在哪裡？所以孩子拿橫桿到菜圃重新劃記，然後再將木材一根根釘在橫桿上，終於完成柵欄將其插入土裡。

二、南海實驗幼兒園

南海實驗幼兒園於 1987 年開始籌建，是臺北市政府單獨設置的第一所公立幼兒園，定位為教學實驗幼兒園，因此 2009 年成為《幼兒園教保活動課程暫行大綱》研編小組的實驗場域，並將優質課程出版專書。其課程是以建構論為基礎，以幼兒為學習主體，園本核心課程是方案教學外，課程主軸尚有學習區、感性活動與資源探索（張衛族，2014）。以下分享南海實驗幼兒園的「沙子、貓咪、人」課程（鄭玉玲，2014），基本上它是孩子為解決生活中人與貓相處問題，而進行探究的一個課程。

（一）玩沙池所發現的疑惑與探究

孩子們開心地在沙池中玩，看到沙中有大塊顆粒，初始認為是石頭，經壓就碎發現是長得像石頭的沙塊，然而沙子怎麼變成石頭形狀？沙子的顏色怎麼有黑有白？乾沙、濕沙與水、陽光的關係？沙坑的沙從哪裡來？展開了一連串的探索行動。

（二）玩沙雕趣味多！

孩子堆沙時經常垮掉，歷經同儕分享、交換經驗如沙雕下面要胖一點或大一點、一半用乾沙一半用濕沙；孩子又興起做大沙雕的念頭，過程中欣賞沙雕作品、團討如何分工合作與事先畫設計圖等；並到海邊實際做沙雕與回園後分享、檢討，及繼續在沙池中製作沙雕。

（三）沙池有貓大便，怎麼辦？

發現沙池有貓大便後，老師請孩子想辦法，孩子想出許多辦法，如用大塊布包、給貓蓋另一個專用廁所、買一籠子把貓鎖起來、通電或畫電的圖案。老師遂提供許多有關貓的圖書，讓幼兒更加理解貓是有生命的與貓的習性，孩子又提出裝感應燈、養狗、柵欄加高到屋頂、蓋貓廁所及魚的指標等解決辦法。在一連串探索行動後，孩子畫出沙坑要用透明與防水等的底層、上層則用網子圈圍的設計圖，於是跟園長、建築師解說設計想法，並耐心等待完工。

（四）已有貓廁所與稻草人，怎還有貓大便？

在等待沙坑圈圍工程完工時，原本裝感應燈的想法經過探究後，改成製作稻草人嚇阻、蓋貓廁所並以魚做裝飾，但是仍然發現有貓大便。在教師提醒下，幼兒決定檢視沙池旁的錄影存檔，結果發現放學後，校園

後面是貓咪樂園！因為社區人士餵食流浪貓並將食物丟入校園圍牆邊。幼兒得知後，希望社區不要亂餵食，於是在老師的協助下，製作朗朗上口的兒謠海報，到社區柔性宣導，也給市長信箱與流浪動物之家寫信。

（五）貓與人可以做朋友！

老師走訪侯硐貓村，將人貓和平共處經驗帶回，貓村解決貓糞便問題是經常清掃，孩子在討論適當的清潔工具後，認真地清掃，過程中發生搶大便與工具問題，於是幼兒提出區域分配與工具輪流的解決辦法。之後藉著角色扮演，老師引導幼兒想像自己是一隻貓，在與人類相遇後的感受。

（六）設計的沙坑圍籬完工了，確實有效嗎？

孩子設計的下層透明、上層網子的圍籬完工了，幼兒想用自己的辦法先檢查圍籬是否有效果，提出檢查沙坑裡有貓埋大便的小山嗎？有貓的腳印嗎？用鼻子聞一聞的方法；幼兒還提出輪流進入與大家走同一路線，以防幼兒腳印蓋過貓腳印的現象；甚至還建議要多觀察幾天以確認，且為防止別班幼兒先進入，還建議貼禁止進入與隨手關門標示。經過幾天的觀察與記錄後，終於確認孩子的設計確實有用，沙坑中不再有貓大便，可以快樂玩沙了。

三、親仁幼兒園

親仁幼兒園原是私立托兒所，於 1987 年成立，初始運用坊間教材施行傳統分科教學，從 2003 年起致力於課程轉型，揚棄坊間現成教材，實施自編教案的主題課程。改革期間在跌跌撞撞中摸索，曾歷經教師與幼生均大量流失，幾乎無法生存的窘迫局面。2006 年筆者正好完成國科會

研究並出版專書，提出探究取向的主題課程，在臺灣教育部輔導計畫下，進入該園輔導，在對談後，遂依據社會建構論逐漸確立「以幼兒興趣為探究取向的主題課程」（周淑惠、鄭良儀、范雅婷、黃湘怡等，2007）。歷經數載課程穩定後，該園開放成為研究與實習的場域，並經常於國內外研討會分享課程，再加上園方著重專業成長，逐漸成為國內外專業團體的參訪對象；而由於課程頗具口碑、廣受家長信服，便於2012年成立分園，隨即招生滿額並連續至今。

筆者曾於2013年《遊戲 VS. 課程：幼兒遊戲定位與實施》一書中，分享親仁幼兒園緣起於孩子在公園探索時抓到一隻不知名小生物的「我的秘密基地——森林」主題，為了知此小生物與飼養它，展開一連串探究活動的精彩課程。以下分享「木頭真神奇・看我變魔術」（親仁幼兒園彩虹花朵班，2016-2017）與「環保小創客」（親仁幼兒園兔子跳跳班，2017）主題課程。

（一）「木頭真神奇・看我變魔術」主題

「木頭真神奇・看我變魔術」主題萌發於角落中老師加入的一箱木頭與木工工具，孩子興起做木凳的念頭，從畫設計圖開始，經測量、裁鋸、拼裝木條，到黏合、彩繪完成可坐的凳子（圖2-3-1.），充滿成就感，因此對木頭還可以做什麼？躍躍欲試。過程中孩子為了要有樹皮黏著的木頭，於是想出親自鋸切園裡枯死的盆栽木頭，老師讓孩子帶齊各種工具，在嘗試錯誤中（圖2-3-2.）最後發現：線鋸比其他種工具來得好用；並用學習單與父母一起查詢鋸木工具名稱——線鋸、板鋸、摺疊鋸等，以及邀具木工專長之家長入班參與課程。可以說整個課程是在嘗試錯誤與修正並運用探究能力的過程中，規劃主題的進行與建構出對工具、材料、技法等的主題相關知能。

除了木工創作外，教師與幼兒共同規劃了幾次的木工相關場所的參

觀，如坊間木工廠（圖2-3-3.）、親子 DIY 木工園區與學校實習工廠等，參觀場所得自於訪談園內其他教師、詢問父母、或在老師鷹架下上網找尋；並先詢問園長租交通工具的可能性（圖 2-3-4.），以規劃行程。每次

圖 **2-3-1.**　幼兒自製木凳

圖 **2-3-2.**　幼兒從嘗試錯誤中鋸木

圖 **2-3-3.**　幼兒參觀木製品工廠

圖 **2-3-4.**　幼兒詢問園長租車參觀事宜

參觀前，幼兒都先預思與準備所欲詢問的問題或疑惑，於參訪中提問及記錄所獲答案，回教室後在教師協助下，統整製成表徵與溝通探究結果的參觀小書，並投票命名如《木頭工廠的秘密》。從參觀中，幼兒了解木頭從哪裡來、種類等，知道木製成品需經電腦設計，並認識許多大型機具與其功能，如線鋸機、刨木機、磨砂機等。

在歷程中，孩子們個別製作的物品有簡單的木槌（用手搖鑽將圓柱體鑽洞並塞入木條），也有較困難的海馬（用線鋸裁切出九片圓形木片再加組合），圖2-3-5.、圖2-3-6.分別為幼兒所繪之海馬設計圖、所切鋸製作之海馬。其後又製作了應幼幼班要求的三層櫃（圖2-3-7.），歷經以各種測量方式（圖2-3-8.）、三等份分配、裁鋸等步驟（圖2-3-9.）；以及製作個人吊飾、立體注音符號，也分組決定欲製之雕刻物並合力製作。可以說所運用的工具愈來愈多樣，如線鋸機、電烙筆、熱熔槍等，也在嘗試錯誤中建構出主題相關知能。最後在統整整學期所學中，將其設計成關卡活動，並製作木製邀請卡與杯墊送給來參加的父母。

木工主題其實充滿了第一章所提各國因應未來時代所出臺之 STEM 教育經驗，不僅涉及「科學」探究，也涉及「工程」設計。因為每一次的木工製作，都是先畫設計圖於紙張上，並歷經測量或比對，然後再切

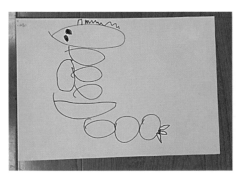 

圖 **2-3-5.**　幼兒所繪之海馬設計圖　　圖 **2-3-6.**　幼兒所切鋸製作之海馬製品

圖 **2-3-7.**　製作幼幼班的三層櫃

圖 **2-3-8.**　幼兒想出五種工具測量

圖 **2-3-9.**　幼兒裁鋸木條製作三層櫃

鋸。例如製作三層櫃時，長、寬、高都要測量，如何正確測量？而且一片木板高度要分成三層，如何正確等分鋸出？這就涉及「數學」領域；又每次設計前的製作想法投票或是作品命名投票，也涉及「數學」計數。再且整個探究歷程也涉及「技術」領域，例如裁切木頭時，必須運用板鋸、線鋸、摺疊鋸等並測試，以及比較這些工具的省力與裁切效果（周淑惠，2017a）。

（二）「環保小創客」主題

再以「環保小創客」主題為例。主題萌發於老師分享《怕浪費的奶奶》繪本故事，引發孩子從家中帶入許多回收資源的舉動。在整理與分類後，發現寶特瓶數量最多，激發幼兒創意思考寶特瓶可以製作什麼？於是進入主題發展期。可以說此課程是以發想、製作、解決製作問題為主，是一個十足的解決問題歷程，當中孩子運用觀察、實驗、比較、溝通結果等科學程序能力。

孩子發表寶特瓶創作的多樣想法並投票選出望遠鏡、盒子兩種最想製作的物品後，全班遂分兩組分別從繪畫設計圖開始製作。製作過程中發現裁切寶特瓶的切割面刺刺的，孩子於是利用各式膠帶黏貼保護，比較後發現絕緣膠布效果最佳。其後因國慶日欲製作手持的國旗，孩子想到可利用紙箱製作，又開啟了紙箱的創意運用。首先老師先分享紙箱王、紙箱車影片，並讓幼兒帶回學習單與父母共同研究及繪出紙箱可以做什麼？在全班分享與投票後，選定製作房子與車子兩組，兩組均從繪畫設計圖開始，經過組內討論與投票，再分工合作；但兩組在製作過程中，都遭遇無數問題並設法加以解決，最後終於完成作品。

以房子組為例，孩子投票決定製作長方形的房子並以「紙箱磚塊」一個個堆疊，於是在教室地面以膠帶貼出房子的基地區域，就開始分工製作。過程中幼兒首先發現磚塊大小不一，蓋出凹凸不平牆面，於是有幼

兒提出全部用一樣大小的紙箱磚塊製作；又有幼兒說都用大箱子磚塊，蓋起來的房子才會大些。在實作嘗試後，發現大箱子蓋出來的房子，裡面空間好小；幼兒產生認知衝突，經教師以繪圖做鷹架引導後，遂選擇用小紙箱磚塊。又在製作紙箱磚塊時，幼兒使用剪刀剪得手好酸，如何輕鬆裁切紙箱成為關注問題；依照親子學習單中的家長建議，找來了美工刀、板鋸與裁紙機，孩子親身試驗哪一種比較省力且裁切效果好，結果發現裁紙機效果最好（圖2-3-10.、圖2-3-11.）。接下來又發現紙箱磚塊本身一直塌陷扁掉，孩子提出裡面塞乾掉的黏土、紙團、直接塞紙等方法，在試驗後發現揉紙團的方法較佳（圖2-3-12.）。最後於磚塊製作完成開始黏合時（圖2-3-13.），孩子又試驗白膠、雙面膠、泡棉膠等哪一種的膠黏效果最佳。

　　整個主題進程中，教師與幼兒曾到低碳環境教育中心參觀環保藝術品展示、漂流木再製、資源回收區等，並配合聖誕節慶以尺寸漸小的紙箱層疊而上並裝飾成聖誕樹。房子組與車子組完工後，在全班回顧主題歷程下，將整學期所學統整並設計成關卡活動，於期末歷程展中與父母同樂。

圖 2-3-10.　幼兒以美工刀試驗裁切紙箱　　**圖 2-3-11.**　幼兒以裁紙機試驗裁切紙箱

圖 **2-3-12.** 幼兒揉紙團塞入紙箱磚塊　　圖 **2-3-13.** 幼兒紙箱磚塊成型

　　「環保小創客」主題也是充滿當代各國所重視之 STEM 教育經驗。它不僅涉及「科學」探究，也涉及「工程」設計，無論是房子或車子都是先畫設計圖，思考細部並考量實用性，如車子大小尺寸、有幾個門、駕駛座等。例如一開始就測量教室中門的寬度以做為車身寬度的考量，好讓在室內製作的車子能開得出去戶外使用。當然也涉及「數學」領域，如車子組測量門的寬度；房子組決定要蓋六層磚塊高的房子，孩子數算一層需 11 個磚塊，在老師以繪圖引導下，得知要製作 66 塊磚塊；而無論是房子或車子都要考量內部空間大小合宜與否；又每次設計或討論後的投票計數，也涉及數學。當然整個探究歷程也涉及「技術」領域，例如裁切紙箱時，運用美工刀、板鋸、裁紙機等並測試、比較他們的省力與裁切效果（周淑惠，2017a）。

第四節　本書所倡之主題探究課程

　　從以上美國方案教學、義大利瑞吉歐經驗、臺灣探究取向主題課程三節中，可看出雖然三種經驗各有其地域上的特色，但是無疑地，三者都是本於一個有待探究的主題或方案，發展出精彩的課程；而且都非常強調幼兒運用「探究」能力去了解主題或解決相關問題。例如幼兒於「照相機」主題中，設法理解與探究照相機的操作方式、零件與功用以及攝影棚與暗房的作用；於「劇院簾幕：轉化之環」方案中，設法了解與探索劇院與簾幕，並透過繪圖以試驗圖形轉化的效果，以及透過敘說故事以探索圖形間的關係，做有意義的拼組，使成為可懸掛於劇院的簾幕；於「甘蔗有多高？」主題中，幼兒設法解決所種甘蔗被拔問題，遂想出圈圍柵欄方法，然而柵欄要如何圈圍也是問題，高度、間距都要思考；於「沙子、貓咪、人」主題，幼兒則是要解決沙池中的貓大便問題，設想多種方法與讓園方施作的網圍工程，並思考人與貓間如何相處；於「木頭真神奇・看我變魔術」主題，幼兒以嘗試錯誤、修正與不斷挑戰方式，建構木工工具、材料、技法的相關知能，並自行探究、規劃參訪行程，以提問、記錄、表徵方式從中淬取經驗，了解木頭與木工相關知識。

　　可以說各個主題均有別於傳統教師主導、灌輸的教學型態。筆者非常推崇此種具探究特色的課程與教學型態，正如第一章所言，主題課程本具探究特性，為別於坊間主題課程缺乏探究性，遂特意冠名為探究取向的主題課程。然而以上各類課程間也有差異，例如義大利瑞吉歐經驗較基於社會文化論（社會建構論），重視學習社群的協商共構，課程經常涉及整個社區人士，同時也考量幼兒的近側發展區，教師適時介入，更著重幼兒的多種表徵；而筆者所輔導的親仁幼兒園也基於社會建構論，較

為重視親、師、生共構，常發送親子主題學習單與邀相關專長家長入班分享，並強調混齡同儕與教師之鷹架引導。同是基於社會建構論，但兩者表現不盡相同。

　　近年來兒童發展與學習學術派典逐漸轉移至 Vygotsky 的社會文化論，指出社群共構的學習方式，挑戰幼教界一向所持的黃金假定（Edwards, Cutter-Mackenzie, & Hunt, 2010; Fleer, 2010）。筆者非常服膺社會文化論的觀點，如心智生活源起於社會、語文為個人內在與社會之心智橋樑、創造近側發展區、鷹架教學等，將於第三章第二節深入探討；也極為認同瑞吉歐之創始者Malaguzzi對於Piaget建構主義的批評，如低估成人角色、認定幼兒自我中心等。甚且認為此一理論極為符合東方社會文化情境——我們自幼即成長於親屬族人環伺關係中，建構出東方社會特有的孝順、長幼尊卑等不同於西方的觀點；而且近側發展區理論與鷹架教學觀也能滿足東方家長對子女殷切的期望——在成人搭建鷹架架協助下，促進孩子的發展。

　　事實上，社會建構論也逐漸成為各國課程文件所立基的理論基礎，例如 NAEYC 於 2009 年頒布的第三版《零至八歲適性發展幼教實務》（*Developmentally Appropriate Practice in Early Childhood Programs: Serving Children from Birth Through Age 8, DAP*），其教學決定之核心考量除原有版本的孩子發展與學習及個別差異兩項外，明顯地加入孩子所處之社會文化情境；而另一核心考量則是提供挑戰與可實現的經驗，以激發幼兒近側發展區，即教學是有意圖的，並明示為幼兒搭構學習鷹架的必要性，以促進孩子的發展與學習。在義大利瑞吉歐成功經驗的激發下，2004年、2005 年筆者的國科會研究即基於社會建構論，在幼兒園試行探究取向的主題課程，並正式命名，且於其後於所輔導的幼兒園持續落實此一基於社會建構論的主題探究課程。

　　社會建構論有四項原則——知識建構、共構社群、語言心智工具、鷹

架支持，因此筆者所倡之主題探究課程也非常強調此四項教學原則的運用。**即在師生共同決定與生活有關的主題情境中**（即使是教師預設的主題也要依據幼兒需求與所關注的人、事、時、地、物等面向去制定，並盡可能和幼兒討論），**運用觀察、推論、記錄、實驗、溝通等各項「探究能力」與「語文心智工具」去探究，以發現答案或解決相關問題，而在過程中孩子得以運用與發展主題相關知能；教師則與之共構並適時搭構鷹架，這共構社群甚至包含家長（或社區）。**至於其具體運作則是「探究、鷹架與表徵」的交疊循環以及知能「加深加廣暨統整」的歷程，將於第四章後的章節陸續探討其教學實務。

其實強調探究能力即相當於重視運用語文心智工具，因為在探究行動中，語文的聽、說、讀、寫面向均包含在內，如推論、記錄、查閱圖書、訪談、製作發現小書、溝通下結論等；亦即吾人把語文視為思考與學習的工具，不僅能達成探究的目的，而且能緩和家長對讀、寫、算成果表現的強烈要求。例如當家長看到幼兒的自製小書、圖表、日誌畫、大方分享或談論等表現時，或多或少能減緩其對讀寫算期望的憂慮。

在此特別聲明的是，基於社會文化論的探究取向主題課程可以有多種表現方式，只要把握探究、主題課程與社會文化論精神即可。正如瑞吉歐教育人士不認為他們的課程是可被模仿或如樣採用般，筆者也認為任何的課程或制度無法被異地移植，即使移植也必須在自己的土壤中生成，因此各幼兒園在參考社會文化論的教學原則後，應基於其地域特色與優勢，思考與做出有特色的園本課程。

以下則呈現探究取向主題課程的教室情景，讓讀者窺其大要。基本上它的環境非常不同於一般幼兒園，一般幼兒園的環境布置多以老師為主體，布置得美侖美奐；而主題探究課程教室的牆面多是孩子的探究紀錄或主題概念網絡圖，也就是整個課程進展的軌跡，它隨著課程的進展，愈來愈豐富。也因為不是學期初一氣呵成的布置，是隨主題進展而加增

的，整體的和諧度與美感自然較為不足。不過，當來訪者一入教室，就可大致了解幼兒在探究什麼？主題是什麼？而且有利於教師規劃與掌握課程進度。特別是身在其境的幼兒，這也無疑地是一種回溯鷹架；當然也是一種架構鷹架，架構了幼兒學習的方向；更是一種氛圍鷹架，有益於沉浸於內的學習與探究，如下面照片所示（圖2-4-1.至圖2-4-8.）。

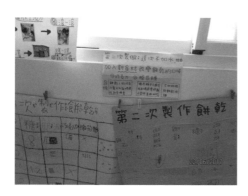

圖 2-4-1. 我的家主題探究軌跡

圖 2-4-2. 珍惜食物主題探究軌跡

圖 2-4-3. 球球與他的好朋友主題探究軌跡

圖 2-4-4. 球球與他的好朋友主題探究軌跡

圖 2-4-5.　春天主題探究軌跡

圖 2-4-6.　春天主題探究軌跡

圖 2-4-7.　關心公園主題探究軌跡

圖 2-4-8.　關心公園主題探究軌跡

3 探究取向主題課程之倡導理由與理論基礎

繼前兩章，吾人理解「探究取向主題課程」涵義與各國此類課程之多樣面貌後，本章第一節旨在說明本書為何提倡探究取向主題課程，讓讀者了解其緣由與認識其於當代社會之重要性；第二節則在探討此一課程所依據之理論基礎，讓讀者洞悉其精神與要義，以利課程落實。

第一節　主題探究課程之倡導理由

筆者之所以倡導探究取向主題課程，乃基於以下數個面向之綜合考量——未來社會情境、與未來情境有關的各國教育趨勢、課程發展理論基礎、探究學習成效等，茲說明如下。

一、未來社會情境

當代與可見的未來是個資訊科技時代，社會經常高速變遷中，導致職場工作與日常生活愈發困難，而教育界卻無法適當因應。2008 年美國擔心現行教育的業界人士發起「21 世紀世紀技能聯盟」（Partnership for 21st Century Skills），提出 21 世紀人才核心能力架構，包括三大主要技能——生活與職涯能力、學習與創新能力、資訊媒體與科技能力（劉曉樺譯，2011）。此架構特別指出，學習與創新能力是能確保學生在多變遷與無止

境學習的社會中，獲致成功的要素，是學校教學應培養的重要能力，它包含四個英文字母 C 開頭的能力：批判思考與問題解決（Critical thinking & problem solving）、創造力與創新（Creativity & innovation）、溝通（Communication）、合作（Collaboration）（請參見 http://www.p21.org/storage/ documents/docs/P21_framework_0816.pdf）。

　　針對以上「21 世紀世紀技能聯盟」對教育的憂心，Kuhlthau、Maniotes 與 Caspari（2015）於《引導式探究：21 世紀的學習》（*Guided inQuiry: Learning in the 21st Century*）一書中也提出警示與呼籲：資訊科技時代具不確定性與變化性，學校教育的主要挑戰是必須在三方面預備學生的能力——勝任職場、成為公民與日常過活。首先在職場上，吾人要意識到資訊科技改變了工作本質，必須思考在全球化經濟情境下，如何高效率地創新；其次，也要意識資訊科技改變了社群意識，必須思考如何以消息靈通的公民參與民主社會生活；最後在日常生活上，得要意識資訊科技增加了每日生活的關聯性與複雜性，必要思考如何在與他人關係中獲得自我意識，並在個人生活中體驗創意與歡樂。

　　重要的是 Kuhlthau 等人（2015: 7）等人指出，「探究學習」在當代與未來資訊科技之不確定與變遷社會環境中的重要性：

　　　　有許多學校領導者意識到，探究學習助其迎接挑戰，即準備學生能工作與生活於資訊化的環境……。探究是在快速科技變遷中學習新技能與擴展知識的一種方式，探究是資訊時代學校的根基。探究學習的根本概念是考量一個能激發學生深度探查的提問或問題。

的確，當前的社會不斷在變遷中，形成了高速變動、劇烈競爭與必須

無止境學習的狀態，眼見的未來更是如此，從推陳出新的商品與服務，即可見端倪。不僅舊商品被無情淘汰，如傳統照相機、相片膠捲、唱片、卡帶式錄音機等，有許多新穎商品竄出，如觸控全功能手機、掃地機器人、3D 列印、同聲翻譯機、無人駕駛汽車與其他人工智慧產品等，廠商為生存都處心積慮地研發、創新。此外，許多行業由新行業或新服務取而代之，如各種功能的手機 APP 服務（餐館等位、點餐、外賣、叫車、學習平臺等）、幾乎無服務人員的無人超市、幾乎無工作人員的便當工廠、無資金亦可創業的 Kickstarter 集資網站服務、無任何一間旅館的世界第一大旅館業 Airbnb（它憑藉的是軟體智慧）、無任何一部計程車的世界第一大計程車行 Uber（它憑藉的是軟體智慧）、快速便捷的網購業等。也就是未來社會將會是由電腦與人工智慧（Artificial Intelligence）取代一般人力的社會，人們將大量失業，陷入無可避免的高度競爭狀態。

目前很流行的一句話是，未來的世界大家都必須成為創造工作者（Job creator），而非尋找工作者（Job seeker），的確，約有 50% 的工作將被人工智慧取代（讀者可參見 2017 年李開復、王詠剛的《人工智慧來了》一書）。職是之故，吾人要思考與探究的是機器人所無法做到的「可能的」事物並創造出來，如感情關懷、想像力與創造力相關工作，或是如 Friedman 之結合數理科技運用與人性關懷的「Stempathy」工作。猶記第一章曾提及：對幼兒言探究常與遊戲共生，是創造力的前奏曲與平台，能探究就有利於創造發明；也因此未來教育的培育目標，是以探索情境中的「可能性」，與強調解決實際所面臨問題的「探究力」為旨，有如以上 Kuhlthau 等人（2015）所言「探究是資訊時代學校的根基」。換言之，在面對多變與競爭的局勢，個體為了生存必須具備探究能力，以探究所面臨問題或情境的形成原因，並設法找出可能性、解決問題與創新發展；可以說這就是一個創造思考或解決問題的歷程，而它的核心利器就是探究力。因此，培養探究能力成為當代各級學校的重責大任。

其實聯合國教科文組織（United Nations, Educational, Scientific, and Cultural Organization, UNESCO）早在 1996 年的《學習：內在的寶藏》（*Learning: The Tresure Within*）報告書中提出：21 世紀快速變遷社會以求知探究為首的終身教育五個學習支柱——求知（學習如何學習）、學會做事（正式或非正式情境中）、學會共生（多元、尊重、理解、和平）、學會發展（自我潛能發展）、學會改變（請參見 http:// unesdoc.unesco.org/images/0010/001095/109590eo.pdf），此乃呼應以上 Kuhlthau 等（2015）對資訊科技時代學校教育的挑戰與培育能力的觀點，也反映了筆者之新世代能否「求知」、「應變」為首要生存條件的論點，其實整體而言，它與筆者揭櫫的新紀元幼兒課程目標——培養「求知人」、「應變人」、「民主人」、「地球人」與「完整人」，是極為相吻的（周淑惠，2006）。

值得一提的是，中國教育創新研究院（2016）的《面向未來： 21 世紀核心素養教育的全球經驗》報告，以文獻分析各國面向 21 世紀素養的各種作為，發現共通的課程為：設置基於真實生活情境的「跨學科主題」，且 STEM 已成為全球普遍認可的跨學科主題；而共通的教與學為：讓學生焦注於真實情境中的問題以展開探索、基於問題或以方案為基礎的學習。就此，本書所倡「探究取向主題課程」十分反映 21 世紀時代所需與各國教育上的因應。誠如第一章論及為因應人工智能新紀元的來臨，許多國家已經摩拳擦掌、積極投入 STEM 教育，而 STEM 教育的核心就是探究，STEM 的四科都涉及相同的程序，即解決問題的過程，只要是解決問題就必須求知探究。總之，為因應未來劇烈變遷與高度競爭的社會情境，各有力機構與各國政府均出臺各種聲明與政策，重視解決問題、創造發展的探究能力，簡言之，探究取向的主題課程符合各國教育趨勢，深具時代性與重要性！

二、各國教育文件

　　強調探究精神的探究取向主題課程，也是當代各國課程文件所推崇的課程與教學型態。例如 2017 年英國教育部（Department for Education）所出版的《幼年基礎階段法定架構：出生至五歲孩童的學習、發展與照顧標準》（*Statutory Framework for the Early Years Foundation Stage: Setting the Standards for Learning, Development, and Care for Children from Birth to Five*）明白指出，有效的教與學之三個特徵是：(1)遊戲與**探索**——孩子探查與體驗事物、試試看；(2)積極學習——如果遭遇困難並能享受成就感，孩子會專注與持續地嘗試；(3)創造與批判性思考——孩子擁有並發展自己的想法、連結不同的想法與發展操作事物的策略（請參見 https://www.gov.uk/government/uploads/system/uploads/attachment_data/file/596629/EYFS_STATUTORY_FRAMEWORK_2017.pdf）。

　　2009 年 NAEYC 基於周全的文獻探討與集結各方意見後，頒布第三版《零至八歲適性發展幼教實務》，此份文件歸納數項可為幼教實務參照之發展與學習原則，其中第十項明載：「遊戲是發展自我管理以及促進語文、認知與社會能力的一個很重要的媒介。」（Copple & Bredekamp, 2009: 14），並且指出：「教師要提供充足時間、材料與經驗讓幼兒**遊戲、探索與互動**。」（Copple & Bredekamp, 2009: 18）。

　　2012 年中國教育部發布《3〜6 歲兒童學習與發展指南》，在前面說明處指出實施指南要把握四方面，其中第三點「幼兒的學習是以直接經驗為基礎，在遊戲和日常生活中進行的」，以及第四點「要充分尊重和保護幼兒的好奇心和學習興趣，幫助幼兒逐步養成積極主動、認真專注、不怕困難、敢於**探究**和嘗試、樂於想像和創造等良好學習品質」（請參見 http://www.chinanews.com/edu/2012/10-15 /42486 31.shtml）。

2012 年臺灣教育部也頒布《幼兒園教保活動課程暫行大綱》，並於 2017 年 8 月正式成為《幼兒園教保活動課程大綱》。基本理念中（第四頁）指出：「幼兒天生喜歡遊戲，在遊戲中自發的**探索**、操弄與發現。」並在實施通則中（第八頁）指出：「重視幼兒自由遊戲，及在遊戲中學習的價值，讓幼兒得以自主的**探索**、操弄與學習。」（請參見 http://www.ece.moe.edu.tw/? p=7545）

在另一方面從 STEM 教育面向言，第一章提及 STEM 已成為各國因應 21 世紀之教育趨勢。例如 2013 年美國國家研究委員會（NRC）公布的《下一世代科學教育標準》（*NGSS*）（NRC, 2013），特別說明 STEM 綜合運用科學、工程、技術與數學等知能，解決日常生活中問題，正式將 STEM 教育列於科學課程標準內；而中國於 2017 年公布《中國 STEM 教育白皮書》以及《義務教育小學科學課程標準》，建議在教學實踐中嘗試 STEM 教育，均顯示重視探究、解決問題能力的培育。

總之，從以上各國發布的教育相關文件，均可看出探究（遊戲）是各國所重視的幼兒教育方式，尤其近年來更大力提倡具探究與統整特性的 STEM 教育，可見推崇探究取向的主題課程有其時代性與價值性。

三、課程發展基礎

課程發展或設計有四個重要考量或來源，即課程四大基礎——哲學基礎、心理基礎、社會基礎與歷史基礎（歐用生，1993；Ornstein & Hunkins, 2017）。首先哲學探討什麼是現實「存在」的本質？什麼是知識的本質與源起？什麼是有價值與善的？它是任何學校課程發展的起始點，為學校教育提供目標、內容、方法與架構等。其次心理基礎是研究學生的心理狀態、發展水平與學習狀態，學校教學的對象是學生，很自然地學生的狀態，尤其是如何學習與發展，是課程決定、設計或發展的考量基礎

（黃炳煌，1997；歐用生，1993；Ornstein & Hunkins, 2017）。

　　至於社會基礎，不同學者切入點不同。有從社會學研究學派（歐用生，1993）、有由社會因素（黃炳煌，1997），或是社會學學科（簡楚瑛，2009）不同面向切入，筆者以為無論是從何面向切入，都是在探討社會的真相以及社會與學校課程間的交互關係。一方面學校存於社會文化脈絡中，無法不受其影響，且教育目的在使學生社會化，所以面對社會的劇烈變動，學校定要反映社會趨勢與需求，預備學生面對未來；而在另一方面，學校是教育機構，也要進一步評估社會潮流趨向，以達改善社會的教育目的。最後歷史基礎是探討過去歷史中的教育相關措施或制度的脈絡與意圖，有些制度與措施在設計之初確實隱含不良意圖，如能力本位、智力測驗、輔導制度等，因此，如歐用生（1993）所言，引進或決定課程、相關措施時，務必要考量其歷史淵源、立意與發展情境，思考其是否符合此一時空之發展方向。

　　以幼兒園情境言，課程發展的哲學基礎係指園方的教育哲學與目標，心理基礎係指園方幼兒的發展與學習特性，社會基礎是指時代進展趨勢與整個社會之教育目的，歷史基礎是指課程的整個歷史經驗與園方在地歷史及特色。每個園所的課程決定或發展都要立基於此四大基礎並統整考量，以實施具有園方特色的「園本課程」。而由於每個幼兒園的教育哲學、在地歷史與特色、社會狀況與孩子的特性等均不相同，所發展出的課程型態也會有所不同。然而無可諱言的是，誠如教育改革專家 Fullan（1993）所指：學校教育具有道德使命與責任，以培養能適存於未來社會的公民；因此身處於當代與未來劇烈變遷及人工智能當道的社會裡，培育具有探究力的幼兒使其能於未來安身立命，可能會是各幼兒園必須加大比重或優先考量的重點。

　　舉例而言，筆者若欲在臺灣新竹開設幼兒園，以上課程決定四項基礎之綜合考量如下：一是筆者的教育哲學比較偏向當代自由、開放的思

潮；二是幼兒發展與學習的共通特性為文化情境性、全人發展性、漸序發展性、個別差異性、探索建構性、具體經驗性（周淑惠，2006）；三是未來社會性質與培育需求為求知人、應變人、民主人、地球人與完整人；以及幼兒園所在地既為科技園區、又為傳統古城的地域特色，因此，一個立基於社會文化論（社會建構論）的「探究取向主題課程」，是筆者認為較為合宜的課程與選擇，同時它的主要精神——探究也反映於各國重要的教育文件上，符合面向 21 世紀的教育趨勢。

四、探究學習成效

探究的方案或課程不僅容許不同學科的整合，而且亦符合幼兒發展與學習之探索建構性與具體經驗性，因其涉及幼兒實際的探索、蒐集資料，以建構對主題的理解或解答相關的問題；可以說在整個探究的歷程中，為期發現答案、解決問題或增進理解，幼兒必須思考並規劃尋求答案的方法，並一一執行與落實，它無形中增進自我規制的能力與自信心，創造近側發展區，提升幼兒的發展（Berk, 2001）。此外，有愈來愈多的實徵研究證實探究教學具有成效，不僅表現在科學領域上（Anderson, 2002; Bybee, Taylor, Gardner, Van Scotter, Powell, Westbrook, & Landes, 2006）；而且幼兒教育或課程學者也紛紛指出，具統整與探究特性的教學之優異性。

例如 Krogh 和 Morehouse（2014: 173）曾言，運用探究學習以整合課程，可幫助幼兒成為終身學習者，是教導幼兒的有效方式，說它是萬靈丹，也不為過，因為它可克服與解決孩子缺乏知識遷移能力的現象，也可對抗涵蓋太多教授內容的悲哀，更可關注到幼兒未受激勵與不熱衷學習的不幸狀況。確實近年來有多項研究證實：於統整性課程中同時提供探究機會，對孩子的學習具有強大優勢（Copple & Bredekamp, 2009; Hyson, 2008; Kuhlthau Maniotes, & Caspari, 2015; Vars & Beane, 2000）。

　　綜言之，探究力可運用於各領域，是面對多變與高度競爭社會下，必須具備的重要能力之一，可面對問題以發現原因並解決問題與創新發展；在另一方面，它與遊戲經常相生相隨、交織融合，是幼兒創造的有力平台，而創造力也是未來世紀重視的重要能力。其次，探究取向主題課程不僅是當代各國幼兒課程的主流，也是最能反映時代特性與需求的幼兒課程；再加上它符合幼兒發展與學習特性且實徵研究證實探究教學具有正面成效，遂衷心提倡此一課程型態。建議各幼兒園在綜合考量課程發展四大基礎下，可能要加重考量未來社會情勢的需求，重新審思教育目標，以定調幼兒園的課程。

第二節　主題探究課程之理論基礎

　　主題探究課程的立論基礎是「社會建構論」，而社會建構論則源於蘇俄心理學家 Vygotsky 人類發展的「社會文化論」（Sociocultural Theory），持「心智生活源起於社會」觀，認為人類知識、思考是根源於其社會文化，高層次的心智功能源自於社會與社會互動的結果（Vygotsky, 1978）。換言之，我們的認知是社會化的建構與共享，都是從社會與文化的情境中產生的，受社會文化的影響至鉅，不僅知識來自於家庭與廣大的社會文化，而且思考與行為多取決於家庭、社會與歷史的理所當然看法。

　　舉例而言，中國社會奉養父母「孝順」的特有價值觀，可能是美國社會所無法理解的；「重男輕女」的傳統思想根深蒂固，深深影響人的行為，如在一胎化時期，女嬰往往被犧牲。再如中國社會裡特別重視親戚關係的往來，幼兒自小在眾親族的圍繞下成長，與父母關係也很密切，幼兒經常與父母同床而眠，這與西方重視獨立自主、嬰兒從小分床獨睡的狀況，非常不同。此外，中國固有節慶的意涵與慶祝行為，如端午節划龍舟、中秋賞月與過年圍爐等，與西方的復活節、感恩節及聖誕節等，大不相同，這都是雙方歷史文化涵濡與家庭氛圍傳承所形塑的。簡言之，我們的認知是「情境化的」（Cotextualized），從家庭與社會文化的活動與經驗中萌發演化的（Berk & Winsler, 1995）。

　　幼兒的心智生活除源起於社會文化與社會互動外，根據 Vygotsky（1986），幼兒尚具有「近側發展區」，即在其實際發展的心理層次與在他人協助下所表現的解決問題層次，兩者間是存在著差距，在這個區域中的能力正在發芽中，是在明日即將成熟的能力。例如兒童在發展正式科學概念之前，會具有一些自發的科學概念（周淑惠，2003a），在發展

正式數學概念之前，會擁有一些非正式算術（周淑惠，1999）。對 Vygotsky 而言，教育的目的就是在提供落於孩子發展區間內的經驗，這些活動雖具有挑戰性，但卻可以在成人引導下完成（Berk, 2001）。換句話說，教學不僅在符合兒童目前的發展，而且也在創造其近測發展區，提昇其認知發展層次；也就是教學唯有在發展之前，喚醒並激發生命中正在成熟中的功能，才是好的（Vygotsky, 1978）。

綜上社會文化層面對發展與學習的影響，讓幼兒與社會文化密切連結，使文化精粹、資訊由社會層面移轉至內在思考層面，顯得相當重要；再加上幼兒具有近側發展區，如何創造此區，提昇其認知發展層次，也是社會建構論關注的焦點。就此，社會建構論有四項基本原則：強調知識是建構的、重視社群共構、提倡引導鷹架、運用語文心智工具，分述如下。筆者以為，社會文化論的課程與教學觀非常符合東方社會的特性，因為它在社群共構與引導下，創造孩子的近側發展區，提升兒童的發展，滿足東方家長對子女的殷切期望。

一、強調知識是建構的

在 Vygotsky 學派典範中，探究是獲得知識的一個中樞元素（Zuckerman, Chudinova, & Khavkin, 1998），雖然它強調的是「兒童與成人共同地建構知識」，相對於 Piaget「建構論」之「兒童與環境互動之自我活躍地建構知識」（Fleer, 1993）。也就是說，幼兒的重要特性之一即是一個探索建構者，是一個能透過同化、調適解決認知衝突而學習的有機個體。換言之，兒童有不矛盾自己的一個內在需求，當外在資訊與內在既有認知結構有異時（矛盾產生），兒童會改變自己的認知架構，建構新的看法以消除矛盾，於是學習自然產生（Forman & Kaden, 1987）。

具體言之，人類是靠對自己「操作行動」加以「省思」（to reflect on

his own action）而學習的；了解一項東西是要去操作它並轉換它，兒童必須「變換」（Transform）物體的狀態，並觀察、省思物體變換所引起的改變，才能獲得知識（Piaget, 1970; 1976）。例如兒童一定要親自以各種力度拍打球，觀察球的不同彈跳高度，省思自己的施力度與球彈跳高度間的關係，才能體會「當自己越用力拍時，球則彈得越高」的道理。因此，幼兒的手動（動手操作、親身體驗）、心動（動心思考、解決問題）以及他動（相關事物皆配合牽動，如球的自由取用、不同種類球的提供），以利發現答案、解決問題或建構知識，就顯得相當重要。

二、重視社群共構

　　社會文化層面對兒童發展與知識建構，既然扮演著舉足輕重的角色，因此個人必須與各級社會系統緊相連結，以為未來能力與自主發展鋪路（Berk, 2001）；所以，社會建構論不僅強調知識是建構的，而且更強調共同建構，在共同建構過程中，產生共享的理解或心靈的交會，讓社會文化中的觀點與資訊轉移至孩子的內在心理層次。Bodrova 與 Leong（1996）指出，促進發展與學習有三項重要策略，「運用共享活動」即是其中重要的一項，幼兒在共享活動與成人、同儕間的互動中，透過語文的使用（說話、塗鴉、繪畫、書寫等），讓其心靈專注，思考變得清晰，並有改正想法的機會；共享活動不僅提供了學習動機之社會情境，而且是幫助幼兒提升其近側發展區能力的一個非常重要方式。在此立論之下，教室變為「學習社群」，在社群中的每一成員對於全體成員於探究過程中所正萌發的共享性理解，均有顯著的貢獻（Palincsar, Brown, & Campione, 1993）。

　　就此，幼兒園是幼兒最近、最直接的社會文化情境，而幼兒園中的老師是幼兒最近的社會文化情境中的最重要影響人物，而在師生共同探

索、建構或解決問題過程中，教師不僅要盡量促動幼兒運用建構或探究能力，即所謂的手動、心動、他動也；而且也要促動社群間的對話、交流與合作，即所謂的「人動」也。

而除師生共構外，社群中最重要的還包含自嬰兒起成長於其中的家庭，因為幼兒的認知與行為乃根源於其家庭文化、活動與期望。就此，幼兒園尊重與支持孩子的家庭與文化價值，並與幼兒的家庭保持密切的合作關係，乃為理所當然之務。誠如 Daniel（2011）所言，社會文化論視家庭在孩子學習過程中，具持續與統合的重要角色，而非邊緣作用，它為親、師、生共構或園家合作關係的發展，提供了有力的支持。

三、提倡引導鷹架

社會建構論不同於建構論，在於強調教師的共構與鷹架引導角色，其乃因為幼兒具有正在發展中的近側發展區，Vygotsky（1978）深信成人引導或與能力較高同儕合作，確能提升心智發展，即教學應在發展之前，而非坐等能力成熟。Wood、Bruner和Ross（1976）呼應Vygotsky，提出了「鷹架支持」（Scaffolding）的譬喻；在此一鷹架譬喻中，兒童被視為正在營建中的建築物，社會環境是所需要的鷹架，它支護兒童的發展使之能繼續建構新的能力。換言之，「鷹架支持」乃為教學的重要成分，是師生間的互動方式（Berk & Winsler, 1995）；在成人與兒童共同建構的互動行動中，由成人運用各種策略為兒童搭構學習的鷹架，以幫助兒童建造能力。

其實鷹架引導的實例在生活中俯拾皆是，例如幼兒學走平衡木，有幼兒只跨出一兩步就不敢前行、有幼兒走到中央處就害怕停止、有幼兒則是一站上去就害怕大叫，這些都是無法走平衡木的狀況，教師可以因應個別幼兒需求予以協助或引導，並且逐漸減少幫助即拆除鷹架。例如降

低平衡木高度或增加寬度、在旁扶持整個身體、在旁牽著手陪伴而過並鼓勵、在旁亦步亦趨並不斷提醒眼睛看前面與保持平衡、只提醒平衡要訣與口語鼓勵等、只在對岸微笑等候等等。這整個歷程就是一種引導性的協助，不但有肢體動作的支持，還有言談方面的支持。重要的是，孩子在成人所搭的鷹架支撐下，可以超越他目前水平的表現──由不會行走至能平衡行走，這就說明了近側發展區的存在以及成人引導協助的重要性。

四、運用語文心智工具

社會文化的精粹、資訊若要由社會互動層次移轉至內在思考層次，成人與孩童間必須創造共同的焦點，稱之為「相互主體性」（Intersubjectivity），或「共享的理解」（Shared understanding）；即如字面之意，對話的參與者，必須努力抓住他人的觀點彼此產生心靈的交會。具體言之，在對話過程中，參與者間除要有親密的關係外，語言溝通扮演了重要角色，可以說它是社會與個人內在心智間之重要橋樑（Berk, 2001），是一個主要的心智工具；它之於心智之作用，有如機械工具之於身體一般（Bodrova & Leong, 1996）。

Vygotsky（1991）的巨著《思想與語言》（*Thought and Language*）充分顯示，語文不僅是溝通表達工具，而且能使吾人做邏輯思考與學習，有別於其他動物，亦即語文是一項重要的「心智工具」（Bodrova & Leong, 1996）。書寫語文是高層次的思考，讓思考更清晰、更有順序的呈現；語文向外則可以與他人溝通思緒，當成人與孩童在生活與工作中使用語言，它是協助孩子將內在心智生活與文化情境觀點融合的有力工具（Berk, 2001）。而話語向內（私語）則可自我溝通、規制行為與思考，許多概念與能力的學習乃藉此一獨自私語的程序（Bodrova & Leong,

1996），例如「推出去、推進來」、「左點右點跳跳跳」的小聲口訣確實能提醒動作順序，加速幼兒的學習。

　　具體而言，在幼兒園師生共同建構知識的過程中，可運用語文的心智工具包括：師生間運用口說語文策略（陳述觀點、討論、辯論、訪談、聆聽等），以達理解、澄清與統整作用；以及運用書寫語文策略（對幼兒言，如：畫日誌畫、畫圖、塗鴉記錄、做圖表、自製小書、查閱圖書或上網等），以求知辨真、表徵概念的理解、或記錄探究歷程與結果。

　　若語文是心智工具，則言談對話（Discourse）是教師為兒童搭建鷹架、引導其學習的核心要素。Bruner 與 Haste（1987）明白指出師生言談對話即具鷹架引導作用，言談搭架的形式包括：糾正孩子的初論、藉回應孩子的意見與提供建議去引導孩子解決問題、協助孩子運用語文適切地表徵概念等。又 Bodrova 與 Leong（1996）亦指出言談即是鷹架，在師生共享活動中雙方對談交流進行「教育性對話」（Educational dialogue），它是一個「教師引導的發現之旅」，可以幫助幼兒導正迷思概念與避免思考的死結，能提升兒童的心智功能。

　　最後 Palincsar、Brown 和 Campione（1993）曾指出：最有效的社會互動是共同解決問題情境中的互動形式，在此一共享情境中由擅用語文心智工具者所引導，共同建構，以提升近側發展區段中的能力。筆者認為這樣的情境與教學頗能因應學前幼兒能力脆弱、不穩定的特性，相信在教師適宜的引導與支持下，可以促進幼兒的發展。而以上四項原則大致反映於筆者所輔導的探究取向主題課程的幼兒園中，將於後續章節中舉課程實例說明之。

4 探究取向主題課程之運作考量與原則

前 三章探討「探究取向主題課程」的涵義、世界各地課程實例、倡導理由與理論基礎後，本章進入此一課程型態之實際運作，包括第一節的運作考量——分層漸進，以及第二節的運作指導原則與其下策略，以為第五、六章預設與萌發的主題探究課程之教學實務鋪墊。

第一節　探究取向主題課程之運作考量——分層漸進

推動任何新課程或措施均需穩紮穩打、漸進慢行，方能在日益調適與逐漸改變中徹底落實。秉持此一原則，本書將探究取向主題課程分為兩大類（預設的、萌發的）共六層級類型，由簡入難、逐層漸上。本節首先說明兩大類六層級的由來，即分層漸進實施的理由與分層類別的考量標準；其次，則大致說明此六漸進層級的要義。

一、分層漸進理由

課程專家Ornstein與Hunkins（2017）指出，任何課程的實施就是涉及改變的歷程，必須要充分溝通、支持與漸進施行，方得以落實或成功；

何況是具統整性與探究性的主題課程，因它無論是在教育理念上或實際實施上對新手與資深教師而言，都是一個艱難的轉變，需漸進實施並假以時日，讓師生均得以調適（Krogh & Morehouse, 2014）。此外，筆者也認為著有《於跨課程中探究的整合》一書的 Audet 和 Jordan（2005）所言甚是，即探究的技能、程序、元素等都是發展的，而且有技巧的教師都知教學策略的合宜性取決於學年中時段、年齡層、經驗量、學習活動本質等，因此實施探究教學時，教師應逐漸釋放權力給學生並漸進引入於教學中。

NRC（2000）發布的《探究與國家科學教育標準：教與學的指引》也指出，探究教學是有層次的，且探究能力需要練習與建立；此份文件進而以探究教學五大特徵：問題的來源、證據蒐集的內容與方式、從證據形成解釋的方式、連結解釋於科學知識的方式、表達與說明解釋的方式，所顯現的質量多寡，以顯示不同類型的探究教學。表4-1-1即為依據探究教學的五大主要特徵所劃分的各類型，最左端是比較開放的教學，以學習者為主；最右端則是老師主導較強的教學，以教師或教材為主（NRC, 2000: 29）。例如主要特徵問題的來源，可以是比較開放以學習者導向的學生自己提出問題，也可以是比較教師主導的由教師提出問題，而這兩端之間尚有兩種不同程度的類型。

以上 NRC 探究教學五項特徵，其實可歸納為「問題的來源」與「解答問題的方式」兩向度，因為證據蒐集、形成解釋、連結科學知識與解釋四項特徵，均與解答問題的方法有關。與此類同的尚有 Rezba、Auld-ridge 與 Rhea 的四層次探究，認為學生需要練習探究，逐漸建立能力並進展到開放與複雜的高層次探究；這四層次探究即是以「問題的來源」與「解答問題的方式」兩個向度加以區分的：(1)確認——學生透過已知結果的活動確認一個原則；(2)結構性探究——學生透過被給予的程序，調查老師呈現的問題；(3)引導性探究——學生透過自己設計或選擇的程

表 **4-1-1**

探究教學的主要特徵與其不同類型

基本特徵	變異程度			
1. 問題的來源	學生提出問題	學生從教師提供的問題中選擇或據此提出新問題	學生修正或澄清來自教師、教材或其他來源的問題	學生的問題來自於教師、教材或其他來源
2. 證據蒐集的內容與方式	學生決定證據蒐集的內涵與如何蒐集	學生在教師指導下蒐集資料	教師提供數據資料，要求學生分析	教師提供數據資料，並告知如何分析
3. 從證據形成解釋的方式	學生綜合證據，據以提出解釋	學生在教師引導歷程中，根據證據形成解釋	教師提供可能方法，讓學生根據證據形成解釋	教師直接提供學生證據，與如何使用證據形成解釋之法
4. 連結解釋於科學知識的方式	學生自行檢視其他資料證據，並形成解釋的連結	教師引導學生至科學知識的領域與來源	教師給予可能的連結	
5. 表達與說明解釋的方式	學生以合理的、邏輯的論點表達自己的解釋	教師協助學生以發展其所提出的解釋	提供學生較廣泛的引導，使學生表達其所提出的解釋	教師直接給予學生表達解釋的程序與步驟

多 ←———————— 以學習者為導向 ————————→ 少

少 ←———————— 以教師或教材為導向 ————————→ 多

資料來源：NRC（2000: 29）

序，調查老師呈現的問題；(4)開放性探究——學生透過自己設計或選擇的程序，調查自己形成的問題（引自 Bell, Smetana, & Binns, 2005）。

綜上，無論是從課程實施面向、主題探究課程自身、或是探究教學層面，皆顯示漸進實施是課程落實之道。為方便教師落實與推廣，本書從課程與教學的兩個重要面向去構思主題探究課程的漸次實施層級：第一個思考面向是課程如何產生的「課程設計」層面，第二個面向是教學過程中的師生互動，且特別是在「教學引導」的表現程度。

　　首先就「課程設計」層面而言，課程的產生是否是教師先依目標預先設計相關活動而成？即預計的課程；抑是課程未事先設計，而是臨時因應幼兒與情境生成？即萌發的課程。前者依目標預先設計，相對於後者臨時因應生成的課程，對教師在實施過程中的壓力較小，因教師有預設教案可資參照，可安心關注於實施過程中的師生互動層面。而事先設計好的課程太嚴格無法回應孩子的個別性與文化差異，故而有萌發課程之產生（Bredekamp, 2017; Jones & Nimo, 1994）；基本上，萌發課程不是線性發展的，而是有機的，經常成長與逐步形成的，有時在觀察、討論、檢視文檔、提問與再度觀察下，甚至是循環生成的（Stacey, 2009）。職是之故，未事先設計、有機發展的萌發課程對生手教師言，難度較高；其來源可以是從幼兒園生活中生成，也可以是從幼兒扮演遊戲中生成，非教師預先規劃與掌控的。

　　其次就「教學引導」面向而言，若以一連續線段來看，如圖4-1-1.所示，線段左端是偏向教師主導的狀態、右端是偏向幼兒主導的狀態，因此在線段上有無數種教學互動狀態，而主題探究課程旨在培養與發展幼兒的探究與解決問題能力，因此筆者不傾向左端的教師主導方式；又在現實上，右端的完全幼兒主導、缺乏教師教學角色，在現實上似乎也不太可能。因此位於連續線段中間黃色區域的「師生共構」，是指整體而言師生權力較為平均，不完全以幼兒為中心，也不完全以教師為中心，是師生權力均衡與運作諧融、較為理想的教學互動狀態，也是第三章所述

圖 4-1-1. 教學引導連續線段

探究取向主題課程所立基之「社會建構論」重要精神。

　　其實師生共構也是需要教師的引導，但其引導是適量與平衡的，即師生權力互動狀態是「均權」的，此一共構狀態亦有如 Cambell 和 Harris（2001）的師生權力共享觀點。Cambell 和 Harris 指出主題課程的實施至少有三種方式，即至少三種類型：老師主導、學生主導、協商共享，三者在主題的決定、內容與目標的選擇、主題探究時間、學習成果與教學策略上均不盡相同；大體上是成連續體程度性的差異，最左邊的是老師權力至上決定了所有的學習事宜，最右邊的是學生為主決定了所有的探究事宜，中間的是師生權力共享所有的學習事項。Cambell 和 Harris 主題課程實施的分類含涉主題課程的所有事項，而筆者將課程設計與教學互動（引導）分立，以做為探究取向主題課程之分類標準；不過相同的是，他們也非常尊崇師生協商分享的互動方式，特別用了許多篇幅介紹它，即筆者所指之師生共構狀態。

　　然而探究與解決問題能力的培養需要時間，非一蹴可幾，不僅幼兒需要時間練習探究能力與養成主動探索習慣；而且初次實施或慣於主導教學的教師，更需要時間調整為較開放的互動方式與釋放權力。因此初始可能仍需較為大量地引導幼兒（即教師指導，但非主導），教師必須脫離完全主導狀態，逐漸放權，從「指導」出發邁向共構境界。也就是教學互動先落於左端教師主導與中央師生共構兩者間之教師指導（紅色箭頭所指區域），其後再逐漸走向線段中央師生權力均衡的共構教學境界（黃色區域）。換句話說，在教學實施上宜漸進發展，逐漸放權、調適，最終落實探究取向主題課程。

　　為方便論述，本書將探究取向主題課程的師生教學互動面向大致分為「教師指導」與「師生共構」兩類，其實在這兩類型之間還有諸多類別層次，端視教師引導的多寡程度，引導過多就成「教師主導」了，此非本書所倡探究取向主題課程所欲。考量現實狀況，教師可以試圖脫離完

全主導式的教學互動，從主導性稍弱的教師指導（相當於較強程度的引導）開始，逐漸放手增加孩子的自主性，最後臻抵師生平權的諧融共構境界。

二、分層漸進類層

綜上所述，本書將教學互動面向的教師指導與師生共構，再結合課程設計面向的預設與萌發課程（又分為從生活中萌發、從扮演中萌發），得致六種分層漸進實施的主題探究課程，如表4-1-2所示。亦即本書不僅考量實施過程中的教學引導程度，也考量課程設計是否預先設計，從中交織成漸進實施的層級或類別；然而這兩大類共六層級的分類只是約略區分，在現實上可能存在更多不同的類層。

表 **4-1-2**
主題探究課程的實施層級（類型）

課程設計 ＼ 教學互動		教師指導	師生共構
萌發	生活中	從生活中萌發與指導	從生活中萌發與共構
	扮演中	從扮演中萌發與指導	從扮演中萌發與共構
預先設計		預先設計與指導	預先設計與共構

由課程設計層面與教學互動層面所交織的兩大類六層級的探究取向主題課程，對新手教師或初次實施的教師而言，預先設計比萌發類型的課程易於實施，因教師有事先寫好的教案以為參照，在心理上較為放心與具信心。在萌發課程方面，從扮演生成課程比從生活中生成課程似乎較為容易，因幼兒在區角的扮演遊戲渾然天成、戲碼明顯，表露無遺，順

其興趣與方向比從幼兒園生活中尋找幼兒的興趣與關注點，要來得容易，教師也較有信心。其次在教學互動方面，在初始階段由於教師習慣主導使然，教師權力稍減的教師指導比權力均衡與諧融的師生共構狀態，乃較符現實，也較易實施。此由課程設計、教學互動兩層面所交織的六類漸進層級的主題探究課程，有如圖4-1-2.所示，以漸層顏色暨階梯狀態顯示在實施上之由易至難狀況。

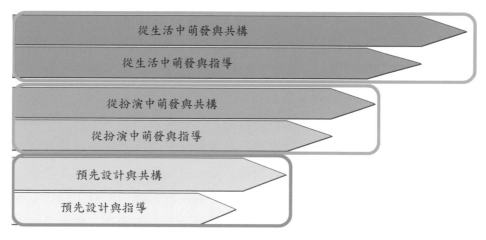

從生活中萌發與共構

從生活中萌發與指導

從扮演中萌發與共構

從扮演中萌發與指導

預先設計與共構

預先設計與指導

圖4-1-2.　六漸進類別之主題探究課程

　　值得注意的是，也許有些教師在習慣與掌握「預先設計與共構」的教學型態後，可以略過「從扮演中萌發與指導」教學型態，直接跳到「從扮演中萌發與共構」狀態；又或許有些教師在習慣與掌握「從扮演中萌發與共構」教學型態後，可以跳過「從生活中萌發與指導」的教學狀態，直接躍至「從生活中萌發與共構」狀態，似乎層級階數因人而異，取決於個人專業知能與經驗水平。不過大體上而言，從預先設計到萌發

生成總是一個大臺階，剛跳至從扮演中萌發或再躍到從生活中萌發，都是與前一類層不同的情境，師生皆需一段時間摸索與適應的，因此主導性稍弱的指導是較符合現實需求的。以下則簡要介紹這六種漸進落實的探究取向主題課程。

（一）預先設計類

1 預先設計與指導

所謂「預先設計與指導」係指教師事先挑選一個主題，如「有趣的童玩」、「美麗的春天」等，設計相關概念與達成概念理解的探究性活動教案，然後依照教案內涵加以實施；並在實施過程中一步步較為大量地引導幼兒，讓幼兒體驗並練習觀察、推論、實驗、溝通、記錄、查資料、訪談、測量等探究能力。對於新手教師、初次實施的教師，或從未接觸探究課程型態的幼兒而言，預先設計與指導的主題探究課程是最容易上手與適應的。預先設計與指導的課程品質，在於所設計活動的本身是否具有探究特性，讓幼兒可以運用探究能力或主題相關知能於主題探究歷程中。然而預先設計的課程也可以參考幼兒的需求與興趣，將於第五章說明。

2 預先設計與共構

所謂「預先設計與共構」與上一種類型最大的不同，乃在於實施過程中的教學互動是較為接納幼兒想法與幼兒共同建構的，而非依照原訂教案強加引導。亦即教師雖然事先挑選一個主題，如「我愛運動」、「繪本世界」，設計相關概念與達成概念理解的探究性活動教案；但在實施過程中，較為尊重幼兒想法，容許幼兒對活動內涵與探究程序、方法有所更易，也就是在教師預先設計後的實施階段，乃為師生共同建構逐漸形成課程的。例如「我愛運動」主題中，教師原設計躲避球遊戲，幼兒於遊

戲中改變成較簡易的規則，或發明不同的球類遊戲，或採用不同的方法探究球類遊戲的規則，雖打亂了原設計教案的進行，但是幼兒有興趣的活動，教師不僅容許，而且也參與遊戲設計，共同形成課程，激勵了幼兒的學習動機，故而推崇之。

（二）萌發生成類

1 從扮演中萌發與指導

相對於前兩種教師預先設計好的課程，萌發課程顯然對於教師的挑戰度較大。它係指順應孩子的興趣與需求於教室中實際生成的課程，非教師事先設計好並據以實施的。大致而言，從扮演中萌發要比從生活中萌發的課程來得容易，因幼兒在角落與戶外遊戲場的扮演行為，隨時可見且具有明顯戲碼，並經常重複演著同齣戲，教師只要善加觀察，便易於因勢利導形成課程。但是在現實考量上，教師於初始必須給予較多的引導，即指導，一方面確保孩子於扮演過程中運用各種探究能力，以養成幼兒習慣並符合探究課程精神，一方面也讓師生均得以逐漸適應探究取向的課程。

簡言之，「從扮演中萌發與指導」係指，教師順應孩子平日的扮演遊戲興趣，以此為遊戲探究的主題，但為確保孩子於過程中運用探究能力，也為師生均能逐漸調適，則提供較為大量的引導，最後發展成探究取向的主題課程。例如春冬之交，孩子經常因感冒或腸炎上醫院，於是在角落不斷地上演著生病、發燒、上醫院看醫生的戲碼，「生病與醫院」就可自然萌發為課程；並在戲碼演出歷程中時常指導著幼兒運用觀察、推論、記錄、驗證、訪談、溝通等探究能力，如醫院有哪些科別？如何得知？看病的程序是什麼？均可指導幼兒投入合宜的探究行動。

② 從扮演中萌發與共構

在萌發類探究課程中特意將扮演遊戲與生活中興趣（或焦點）分開而立，除了因為它具有明顯可觀察的戲碼與經常重複出現外，最重要的原因是扮演遊戲具有非凡的功能，孩子在扮演遊戲中總是超越平日表現，可創造孩子的近側發展區（Bodrova & Leong, 1996; Vygotsky, 1978），故筆者非常重視。而且它比從生活中萌發課程要來的容易些，因為劇情具有連續性與完整性，教師較易順著情節戲碼的發展加以引導；相對地，從生活中萌發課程的開展，比較是靠邏輯架構的思考加以延伸的。

「從扮演中萌發與共構」是指，教師順應孩子平日的扮演遊戲興趣，以此為遊戲探究的主題，為尊重孩子的想法，並在實施過程中與之共同建構，最後生成探究取向的主題課程。例如暑假過後的開學期間，幼兒經常在角落扮演坐高鐵、搭飛機旅遊的情節，並形成日常的話題，不斷提及暑假旅遊經驗，「旅遊風情」就可順勢萌發成為課程。然而在過程中，教師只是均衡適度的引導，有別於以上類型的指導，例如有教師充實經驗的活動以豐富扮演內涵，如到高鐵站參訪，或老師充當買票的旅客參與幼兒的扮演，以激發車票的製作；也有幼兒堅持的扮演想法與情節，如火車是以大型紙箱接龍並彩繪而成、下火車後去主題樂園坐雲霄飛車，師生間想法是諧融的、課程是共構的。

③ 從生活中萌發與指導

「從生活中萌發與指導」是指，老師順應孩子在生活中關注的焦點或興趣，以此為探究的主題，但是為了確保孩子於過程中運用探究能力，也為了師生均能逐漸適應探究取向的課程，在實施過程中教師提供大量引導，最後生成探究取向的主題課程。生活中的關注或興趣要靠老師敏銳的觀察，如角落遊戲中的興趣、戶外遊戲的焦點、生活中已存在或偶發的事件、孩子經常出現的話題、繪本故事的吸引等，幼兒不會直接告

訴你，但老師可從幼兒的行為表現中察覺。

　　例如天氣熱了，孩子上廁所洗手時經常玩水、逗留許久；在戶外澆水照顧植栽或遊戲場玩沙後洗腳時，也常相互噴灑水喉、沖涼，或將整桶水倒入土中、地面觀看水流變化；又點心時間喝清涼綠豆湯時，提議放入冷凍櫃中做成冰棒吃，種種跡象顯示，「好玩的水」、「萬能的水」或「水的世界」等主題就可順勢萌發並生成課程。而在主題萌發後的進行歷程中，為確保探究能力的運用，也為師生均能逐漸調適，教師則經常指導著幼兒運用觀察、推論、實驗、記錄、溝通等探究能力，以增進對水的理解或解決探究歷程中相關的問題，此與下面的共構型態是有所不同的。

4 從生活中萌發與共構

　　「從生活中萌發與共構」乃指，教師順應孩子在生活中關注的焦點或興趣，以此為探究的主題，基於尊重孩子想法，並在實施過程中與其共同建構，最後生成探究取向的主題課程。例如孩子外出公園散步，途中經過大型種苗店，被多樣的植栽與菜苗所吸引，回教室後仍不斷提及此一話題，要求在幼兒園園中種植蔬菜或植物，並主動查詢百科圖鑑，「花花草草」、「綠色植物」、「蔬菜王國」等就可順勢萌發為課程。而在課程萌發後，師生是諧融共構的，例如教師帶入家中有趣的多肉植物與水耕蔬菜，邀請植栽專家入班，並製造認知衝突或提出似是而非問題，以引起探究動機；而幼兒的焦點在「吃」，立意種植各種蔬菜、豆芽等並比較不同栽培法的豆芽哪種好吃？且提議種植可食用的香草植物，以製成沙拉或調理成菜餚。可以說是在教師適度引導下，共同發展成課程，基本上師生權力是均衡的，課程是共同生成的。

第二節　探究取向主題課程之運作原則——「探究、鷹架、表徵」循環與知能「加深加廣暨統整」

　　本書於開宗明義章，論述主題課程在本質上就具有探究性，幼兒在探究的過程中運用與發展主題相關知能，而這些知能有機的融合，自然模糊了學科界線，因此亦具有統整性，可以說真正具有探究特性的主題課程，才是一個統整的課程。另外，基於社會建構論，探究取向的主題課程在教學上還具有建構性、鷹架引導性與遊戲特性（周淑惠，2006）。綜合以上特色，無論課程設計是萌發或預設的，不管教學互動是教師指導或師生共構，在實際運作時，均要強調以下兩項共通原則——「探究、鷹架、表徵」循環與知能「加深加廣暨統整」。

一、以評量為核心之「探究、鷹架、表徵」循環歷程

　　NRC《探究與國家科學教育標準：教與學的指引》指出的探究教學共同成分，即五個步驟或階段（NRC, 2000: 35），或是 BSCS 發展的「5E 教學模式」（Bybee, Taylor, Gardner, Van Scotter, Powell, Westbrook, & Landes, 2006）——投入、探索、解釋、擴展與評量，係指透過引起動機或認知衝突的活動，以引發幼兒好奇而投入於探究行動中【投入】；孩子則於其所設計的探索歷程中，運用舊知能以產生新想法或蒐集資料回答所欲探究的問題【探索】；接著孩子解釋所蒐集的資料或探究後對概念的理解，有時教師也會引導孩子邁向更深的理解【解釋】；然後教師挑戰與延伸學生的概念理解與知能，學生則運用其理解於新的情境【擴展】；最後鼓勵孩子評量其理解與知能，老師也藉機評量教育目標之達成情形【評量】。

　　將以上探究教學共同成分或 5E 探究教學模式——投入、探索、解釋、擴展與評量，置於以社會建構論為基礎的幼兒教育情境中思考，發覺其實可簡化為以評量為核心的「探究、鷹架、表徵」彼此交疊的循環歷程（如圖4-2-1.所示）。即孩子投入於探究行動當中或之後，教師則在旁搭構鷹架引導（含師生與同儕間對話）；同此之時孩子可能以各種方式表徵、解釋或分享其現階段探究結果、發現或理解；甚或孩子在表徵當中或之後，教師也會搭構鷹架以支持或挑戰，所以以三個部分重疊的圓圈表示其間交織共疊的關係。

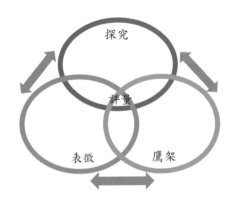

圖 4-2-1. 以評量為核心之「探究、鷹架、表徵」循環歷程

　　至於這探究、鷹架、表徵如影隨形，有如三位一體，不斷循環，孰先孰後，都有可能，因此以外圍雙箭頭示之。例如在「購物趣」主題中，教師想了解幼兒的起點行為，即對商店買賣概念的理解，讓幼兒先行以繪圖表達，再視幼兒的表徵狀況，於其後的探究行動中，搭構合宜的鷹架，此乃先表徵，而非讓幼兒直接投入探究行動中。而有時教師對幼兒的起點行為已瞭如指掌，知道所待強化之處，遂先以合宜的鷹架協助，

如提問幼兒：商店買賣的商品是如何擺放的？顧客怎麼知道它的價錢與正確付錢？付錢的方式只有一種嗎？我們怎麼正確知道以上這些事情？引發後續的探究行動。此乃先搭建鷹架，而非讓幼兒直接投入探究行動中。

很重要的是，「探究、鷹架、表徵」的核心是教師的評量或觀察，老師依據評量結果，隨時調整其在幼兒探究與表徵中的教學鷹架與互動，如是三者交疊關係不斷地循環，在各個活動陸續開展下，擴展了孩子的知能。

「探究、鷹架、表徵」交疊互動的循環，是主題探究課程的重要運作原則，以下就其具體的運作策略——引起動機、鷹架引導與多元表徵論述之。

（一）使探究引擎發動——引起動機之法

引起幼兒的好奇心、想一探究竟或想解決問題的動機是探究之鑰，因此製造認知衝突、提出待解決的問題情境，或呈現引發探索的情境或遊戲，都是很好的引起動機活動，有如引擎般，一旦發動，後續探究行動勁道十足。因此在主題探究課程中，無論是預設的或是萌發的課程，都必須先引起幼兒探究的動機，讓幼兒投入探究行動，而以上所提及的製造認知衝突、提出待解決的問題情境，或呈現引發探索的情境或遊戲，均可善加運用。

1 製造認知衝突的情境

認知衝突的情境讓幼兒心生訝異或疑惑，怎麼會跟自己原有的想法不同？此可引發幼兒欲一探究竟或求知驗證之心。而教師可資運用的「製造認知衝突情境」，諸如光影探索中，教師特意與幼兒於不同處投影手掌於布幕上，布幕出現幼兒的手竟然比老師的還要大，出乎幼兒意料之

外！或者是箱子與幼兒一樣重，幼兒預測兩者在蹺蹺板上會是平衡的一樣高，教師故意將箱子放在離槓桿中心較近處，結果箱子反被幼兒撐高了，引起幼兒滿心疑惑。

② 提出待解決的問題情境

與幼兒休戚相關的生活中待解決問題，會激發幼兒的動力，設法解決它。舉如：為要讓娃娃家與積木區比鄰互惠，方便扮演遊戲的進行，決定將教室的大積木與圖書學習區（角）互換地點，如何才能輕鬆搬運圖書與大積木？要準備什麼東西？若需要準備紙箱，需幾個紙箱？又如班上想演偶劇時，怎麼做才能製造一個布偶卻顯現數個影子的神祕氛圍？或是午睡時，如何在天花板製造黑夜星空，能助睡的情境氛圍？

③ 呈現引發探索的情境

幼兒天生好奇，想一窺究竟，教師可呈現足以引發探索的情境，挑起幼兒探究動機。如最近班上幼兒較浮躁、無學習動機，教師評估教室情境後，鑒於飼養寵物可帶給幼兒許多寶貴的經驗、探究許多事務，如天竺鼠的習性是什麼？要餵養牠什麼？怎麼樣才能讓牠快樂？生病了怎麼辦？遂提議飼養天竺鼠，此舉果真引發幼兒的探究動機，又安撫幼兒浮躁的情緒。此外，在「好玩的水」主題中，幼兒想要玩水，老師將幼兒帶到戶外並問：「你們會做蓄水的水塘、水庫嗎？這樣就可常玩水了！如果要將水自動引流到水塘、水庫，要怎麼做？」引發後續幼兒於遊戲場泥地探索渠道引水與建蓋水塘、水庫的工程。

（二）使探究行動上軌──鷹架引導之法

鷹架引導是幼兒探究之方向盤或舵手，可使探究行動不偏離、順暢且熱烈。幼兒在探究歷程中，一方面難免遇到困境，情緒受挫，或是一直打轉、失敗，最後可能不了了之，教師預見探究之道荊棘難行，則可在

旁激勵或提示，使幼兒看見希望、重燃探究熱情。再方面而言，情境或問題可能超越幼兒現階段知能，但可在合宜挑戰與協助下完成並因而拓展其知能。以上這些情況皆需教師在旁仔細觀察並搭架引導，助其一臂之力。筆者曾基於國科會研究，提出多種鷹架：架構鷹架、回溯鷹架、語文鷹架、示範鷹架、同儕鷹架與材料鷹架（周淑惠，2006）；甚或是氛圍鷹架、情境鷹架（周淑惠，2011），均為好用的引導策略，有益於幼兒的探究行動。

以上這些鷹架將於第五、六章之預設的與萌發的主題探究課程教學實務中，配合課程實例詳加說明。特別一提的是，其中的語文鷹架為所有鷹架的核心，因許多鷹架的搭構，皆須借重語文的仲介，如提供探究行動框架、方向的「架構鷹架」，是以書寫語文、圖像或口訣呈現；回憶情境、勾勒印象的「回溯鷹架」需伴隨對話、提問或書面（影像）記錄等。因此教師的提問與對話為幼兒探究教學的助燃劑，熟用提問與對話對探究教學無往不利，不僅具鷹架作用，而且也具引起動機之效。

（三）使探究發現鮮明──多元表徵之法

表徵是探究結果之外顯呈現，與內在認知其實是一體兩面，其作用可讓幼兒更加清楚自己的想法或不足之處，使探究行動得以持續；也讓教師評量幼兒的想法與概念理解狀況，做為調整鷹架與教學互動之依據。所以教師要善用表徵，不僅要經常提供機會讓幼兒表徵其發現、理解與創意，而且表徵形式也要多元，諸如藝術表徵（黏土雕塑、積木建構、繪畫等）、肢體表徵（戲劇扮演、律動表現等）、語文表徵（口說表達、塗鴉記錄等）、物體表徵（紙箱、球類等）等，均可為之，有如瑞吉歐幼兒園孩子的一百種語言表現。更重要的是，在幼兒的表徵中教師要與幼兒對話，藉提問挑戰幼兒並搭架使其更上一層樓，或更加了解幼兒的想法。

綜上，無論是引起動機、搭建鷹架，或幼兒表徵時，教師的提問顯得

相當重要，一般而言，擴散性問題較能啟動發現與探索、促進推理思考、引發預測、鼓勵創造思考、重燃興趣等（Harlan, 1988）；但聚斂性問題也有一些作用，例如幫助幼兒統整連貫、幫助幼兒理解事務之全貌、甚或引導注意力與思考（周淑惠，1998a），教師可依據目的彈性運用。舉「影子」主題為例，教師可以提問的問題諸如：有燈光、有物品，一定會有影子嗎？影子為什麼沒有出現在布幕上？如何把手指頭變粗大？如何能將你的身影大小剛好投射到布幕上？猜猜看十字格玩具籃的影子會是什麼樣子？如何製造有亮亮五官的影子臉譜？老師的手明明比小庭大，可是為什麼小庭的手影看起來卻比老師的大呢？有什麼方法讓影子變大變小？只有一種方法嗎？

二、知能於主題情境「加深加廣暨統整」之探究歷程

以上「探究、鷹架、表徵」交疊互動的循環，可以說是主題探究課程的主要精神，也是主要運作原則。孩子的探究要伴隨教師的鷹架引導，以支持、挑戰與延伸孩子的學習，鷹架引導對孩子的探究與學習是很重要的；而孩子探究歷程中要不斷的表徵，讓隱晦的知能外顯，也讓教師理解孩子的概念發展狀態，據以調整鷹架與互動。不過最重要的是，教師的鷹架是建立在仔細的觀察與評量之上的，孩子在持續探究、表徵中，再加上教師依據評量思考後的鷹架引導，如此循環而上，知能與理解得以加深加廣或穩固建構，如圖4-2-2.所示，這也涉及主題探究課程的另一項運作原則——知能於主題情境「加深加廣暨統整」之探究歷程。

詳而言之，主題課程大體上有三個階段：主題初始、主題發展與主題統整，這三階段中，均透過「探究、鷹架、表徵」彼此交疊的持續循環歷程，讓概念或知能於主題情境中達到加深加廣暨統整的境界。因為任何的概念發展都不是一蹴可幾的，孩子在探究、鷹架與表徵循環的初探

概念後，其初建概念仍處於模糊或不穩固狀態，必須經過數個不同的活動，從不同的面向切入，才能漸漸地理解該概念，或初建的概念方能趨於穩固，繼而加深加廣。所以如圖4-2-2.所示，以「探究、鷹架、表徵」交疊循環為起始（中央核心處），透過無數的循環歷程（漸層而擴的虛線三角形），逐次貫穿主題三階段。

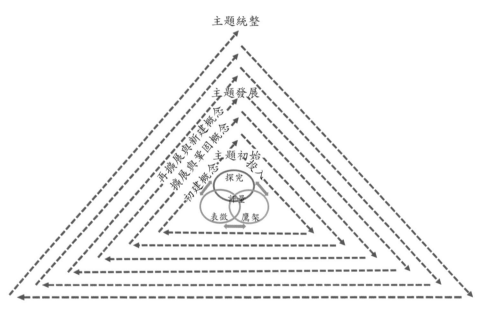

圖 4-2-2. 知能於主題課程情境「加深加廣暨統整」之探究歷程

　　例如「光與影」主題中，幼兒一開始從「有光就有影子」，無法意識到光與影二者間須有物體擋住，才會出現影子，直到第三個活動才初步具有影子概念，然後經歷幾個概念運用的活動，如影子臉譜、影子偶等，直到第八個活動才能用語言說出「東西擋住光，形成了影子」，且真正了解物體一定要在燈光的前面，這樣燈光照到它才會有影子產生。另

外有關「影子變大變小」的概念也是一樣，從一開始無影子變大變小的概念，再到感受影子變大變小的現象，中間經歷「向後退影子會變大」、「靠近燈影子會變大」兩種想法更迭交纏，最後才真正理解影子變大的原因（曾慧蓮，2007）。可以說，影子概念是在無數個「探究、鷹架、表徵」互動的循環歷程中，逐漸獲得的；而主題課程正好提供情境，讓幼兒得以多方、多面、多領域切入探究。再如於「好吃的食物」主題（請見 2006 年拙著《幼兒園課程與教學：探究取向之主題課程》105 頁圖5.1.3）中，孩子可以從食物的種類、來源、營養與健康、選購與品保、加工與保存、烹調與食用等任一概念切入；或從閱讀繪本、逛超市、烹調操作、訪談相關人員、親子饗宴等任一領域活動面向切入，在多方多面交叉累積下，確實可達概念或知能加深加廣之效。

　　主題課程提供可寬可深的探究情境，讓幼兒可從不同領域、學科、活動切入，使知能不僅加深加廣，更重要的是，在探究過程中所獲的知能，得以立即運用於新情境中，讓學科領域有機融合，臻抵真正統整的境界，是非常有意義的學習。例如「好吃的食物」就是如此，知能在探究中現學現用，並整合不同學科領域，請見第一章第一節之論述。

　　再以「房子」主題為例（請見第五章圖5-1-3.），幼兒在探索的過程中，也是不斷地運用所獲知識於新的情境中，發展與運用相關知能幾乎是攜手並進的，最後統整所學。在「平常住的房子」概念下的「小小房子調查員」活動，幼兒至市區與鄉間「觀察」、「記錄」、「比較」與「分類」所見到的城鄉房子；再加上觀賞中外歷史建築影片並且討論古、今與中、外之異同後，最後將以上所蒐集的資料整理，繪製成「房子寶典大全」，以及進行以黏土捏塑及其他各類素材製作的「房子博覽會」。再如孩子探索「建築與裝潢」概念下的各種活動，如「參觀工地：小監工」、「參觀樣品屋」、「查閱建築圖書」等；並且觀賞過奇特的創意建築影片，最後將所獲設計、施工、材質、安全、創意等知能統

整運用於「小小建築師：蓋各式創意小屋」活動中；或者是有如探訪安養中心（或育幼院），了解老人需求後，將創意運用於育幼院或安養中心的設計活動上等。

而「房仲店開業」扮演是個知能大統整的活動，運用了主題相關知能，模糊了學科界線。孩子經歷過「相關職工」概念下的「向專家取經」、「參訪房仲店」、「製作房屋 DM 廣告」，「平常住的房子」概念下的「房子博覽會」、「房子寶典大全」，「建築與裝潢」概念下的「參觀樣品屋」、「參觀工地：小監工」、「查閱建築圖書」等活動後，將以上探索所得知能全部「運用」於房仲店開業扮演遊戲中。也就是孩子必須具體表徵與扮演——製作各式房子模型、DM 文宣廣告、實際樣品屋，並設計店名、招牌、店呼、服裝，於扮演遊戲中實際地招呼來賓、提供餐飲並介紹模型與樣品房屋，以買賣、成交房屋。

所以概念或知能的形成是假以時日的，而主題三階段正好提供了主題探究的情境氛圍，透過「探究、鷹架、表徵」交疊的持續循環，從主題初始階段的概念初建、擴展或鞏固，再到新建概念，如是而進；歷經主題發展階段，概念不斷精進或新建，每一個概念擴展或穩固是建立在前一個概念或活動之上的；最後到了主題統整階段，概念則於主題情境中日益加深加廣暨達統整的境界。具體言之，幼兒在主題探究情境中，可從不同領域或活動面向不斷地探討相關概念，運用領域相關知能於探究行動中，促進真正的理解並加深加廣暨統整，當然這是建立在無數個的「探究、鷹架與表徵」循環歷程之上的，它是主題探究課程的精髓，也是重要的運作原則。

5 預設的探究取向主題課程之教學實務

對 有心嘗試探究取向的主題課程者，本書建議先試行「預設的」
主題探究課程，再漸進到「萌發的」主題探究課程，因為相對
於追隨幼兒興趣、臨時規劃並實施的萌發課程，預設的課程可讓教
師安心地依原先設計內涵實施，較易上手、也較有信心，並較為適
應課程轉型之旅，本章即在探討預設的主題探究課程之教學實務。
誠如所述，預設與萌發的主題探究課程最大的不同，乃在於是否有
預訂確立的課程設計以為課程實施的依歸，因此本章第一節探討預
設課程的「設計」；而預設課程大體上有兩類：預先設計與指導、預
先設計與共構，其相異處乃在於後者於實施過程中的教學互動，是
較為接納幼兒想法並與其共同建構課程內涵的，所以本章第二節論
述預設課程的「教學互動」。期望透過此二節，能掌握預設課程的
整體教學實務。

第一節　預設課程的設計

　　預設的主題探究課程之三階段教學任務如表5-1-1所示。在主題初始
期間有三件事必須處理：預定主題方向（預設主題方向與繪製概念網絡
圖）、設計活動內涵（繪製主題概念網絡活動圖與撰寫教案）、預備情境
暨引發動機；這三項事宜之前兩項與課程設計較為有關，而預備情境暨

表 **5-1-1**
預設的主題探究課程之三階段教學任務

主題課程三階段	教學主要任務
主題初始	1. 預定主題方向（預設主題方向與繪製概念網絡圖） 2. 設計活動內涵（繪製主題概念網絡活動圖與撰寫教案） 3. 預備情境暨引發動機
主題發展	1. 幼兒進行各項探究活動 2. 教師以鷹架引導 3. 幼兒表徵探究結果
主題統整	1. 回顧、評量與統整 2. 規劃與準備學習成果 3. 分享學習成果

引起動機則與課程設計、教學互動均有關係。也就是在第一階段的預設主題探究課程，其課程設計有三個層面必須考量，一個是有關主題方向的預定，一個是有關活動內容的設計；而除這兩層面外，為使預設課程能獲致最大的成功，還必須預備相關情境暨引起探究動機。本節即針對主題初始與課程設計有關的這三層面，加以探討。

一、預定主題方向

在主題初始階段，主題方向之預定或確立含括三項指導原則——符合幼兒需求的「主題選擇」、以概念為先的「網絡圖繪畫」、以彈性為要的「整體設計」，茲分述如下。

（一）符合幼兒需求的「主題選擇」

主題的選擇一定要符合幼兒的需求，教師在開學前挑選主題時，可從幾個角度思考。第一是考量幼兒發展上的需求，如果老師想發展孩子的語文能力並培養良好閱讀習慣，「我愛繪本」是一個可以考量的主題；如

果發覺孩子都太自我、不知如何與人相處或表達情意，「關懷與朋友」是可以選擇的主題，所以教師要深切了解孩子的舊經驗與現階段發展狀態。第二是考量孩子的學習特性，最好是具體化、經驗化與生活化的主題，如「好玩的水」、「運動身體好」等。最後也是最重要的，所選擇的主題一定是要幼兒感興趣的，因為興趣是探究的驅動力，建議從幼兒家庭與學校生活中的人、事、時、地、物面向開始思考與選擇，並日漸向外擴展至社區或社會，如圖 5-1-1. 所示。

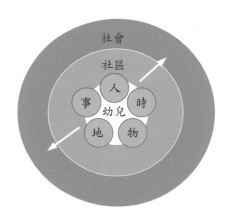

圖 5-1-1.　探究取向主題課程的主題選擇

職是之故，老師要本其專業，熟諳幼兒的發展、學習的特性，也要經常關注與觀察幼兒，對其感興趣的人、事、時、地、物瞭如指掌，才能預做規劃。舉例而言，期末班上大腹便便的家長經常來園裡接送小孩，或園裡教師因懷孕腹部日漸隆起，引起孩子的好奇、圍觀與撫摸，正好某位幼兒有新出生的妹妹，也經常在班上提起此一話題。老師就可預先規劃下學期的「嬰兒與母親」主題，以滿足孩子的好奇心，也讓這個時

期孩童意識母嬰關係以及母親懷孕與照護的辛苦，且能以健全心態迎接新弟妹並與之相處。這就是從「人」（肚子漸大的老師或家長、新生嬰兒）、「事」（懷孕、嬰兒出生、照護）的面向去選擇主題。

又如班上孩子定期散步到附近的社區公園遊戲，每次都很興奮外出，但是最近無論是在社區街道或花木扶疏的公園，經常發現有亂丟的垃圾或椅子上有污漬，孩子甚至因踩到狗糞而哭了。老師意識到環保自小培養的重要性，就可為下學期規劃一個「社區、公園與環保」的主題，這是從孩子身邊「地」點的面向選擇主題，可讓孩子不僅探索社區與公園的萬事萬物，而且對如何維護社區與公園的環保大「事」有所關注。

此外，為了配合幼兒感興趣的某一特殊有意義的「時」刻、節氣或節日，與其所涉及的活動大「事」，教師也可預先規劃有如「中秋與月餅」、「春天來了！」、「過年與元宵」、「節慶與感恩」等主題；或者是教師觀察幼兒感興趣的「物」體，如球、彈珠、繪本後，也可預先篩選設計有如「好玩的球與彈珠」、「會滾與會轉的東西」、「好餓的毛毛蟲」（繪本名稱）、「逛街」（繪本名稱）等主題。

以上這些「嬰兒與母親」、「社區、公園與環保」、「過年與元宵」、「春天來了！」、「會滾與會轉的東西」、「好餓的毛毛蟲」等主題，都是從幼兒生活中所涉及的人、事、時、地、物而選擇的，非常具體化與經驗化，符合幼兒發展與學習需要，而且都是幼兒有興趣或關注的。總之，選擇主題以孩子所需、有趣的周遭生活所涉為主，不過還有一些考量也值得注意，可讓所設計主題之進展更加順暢，如老師自己的興趣與知能、與上個主題間的連結關係、相關資源的支持等。吾人以為Campbell 與 Harris（2001）的主題是否合適的評量標準頗值參考：(1)反映教育的價值；(2)符合師生的興趣；(3)檢視可獲資源多寡程度；(4)主題廣度合宜如有四到七個概念；(5)前後主題間的連結；(6)可用探究的教學方式。

（二）以概念為先的「網絡圖繪畫」

　　主題課程的設計最常運用到的策略是繪畫網絡圖，誠如 Krogh 和 Morehouse（2014）所言，運用圖像組織是教師設計主題內容與活動的有效工具，它除幫助教師組織與概觀整個課程以決定如何設計外，並且可檢視各教學領域的均衡性；它也是幫助孩子思考與學習的概念組織工具（Bredekamp, 2017）。即繪製網絡圖是教師預定主題方向及幼兒學習的一項重要工具，它定義了主題探討的範圍或內涵。除運用網絡圖繪製設計外，也可運用其他圖像工具如心智圖繪圖軟體（圖 5-1-2.）或是樹狀結構圖，在目前，似乎網絡圖還是比較常用的方式。

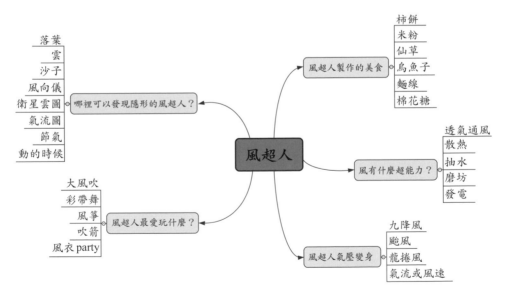

圖 5-1-2.　「風超人」主題概念網絡圖

　　值得注意的是，網絡圖的繪製應以概念為先，如同 Beane（1997）所言，一個統整性主題課程，統整了課程設計、知識、經驗與社會等層面，課程設計宜始於一個中心主題，然後向外確立與主題相關的各「大概念」，其次才設計用來探索主題與概念的「活動」，對主題的概念與知識做充分探討，並以概念來統整各個領域知識，因為主要目的是要探索主題的自身。本書採用 Beane 的觀點，認為設計主題課程的第一步要先分析此一主題之概念或次概念，即主題之知識結構也，然後在概念與知識下再設計有助於探索與理解這些概念的各領域相關活動，即「先概念再活動」之設計也。

　　舉例而言，如果主題是「房子」，其概念包括「平常住的房子」、「旅遊住的房子」、「特別的房子」、「建築與裝潢」、「房子的家具」、「相關職工」等；而在「平常住的房子」概念下有「城市房子」、「鄉村房子」、「外國房子」、「古代房子」次概念；在「特別的房子」概念下有「特殊功用房」如安養中心或育幼院、「樹屋、遊戲屋」、「奇特的建築」等次概念；在「建築與裝潢」概念下有「材質」、「設計」、「施工」、「安全」等次概念；在……。以上這些概念與次概念整體構成「房子」主題的知識結構，等於對主題加以充分探討（請見圖5-1-3.「房子」主題概念網絡活動圖之澄黃色「方形框」概念部分）。接著為了促進對「平常住的房子」、「特別的房子」、「建築與裝潢」、「房子的家具」、「相關職工」等概念的探索或理解，才在各概念之下設計各領域相關活動，如語文、科學、社會等學科領域的活動（請見圖5-1-3.「房子」主題概念網絡活動圖之綠色「橢圓形」活動部分），此將於設計活動內涵處進一步說明。

　　再舉一例說明，如主題是「生病了！」（請見 2013 年拙著《遊戲 VS. 課程：幼兒遊戲定位與實施》88 頁「生病了！」主題概念絡活動圖），其下的概念可能包括：病因與防治、醫院與設備、醫護行為、疾病照

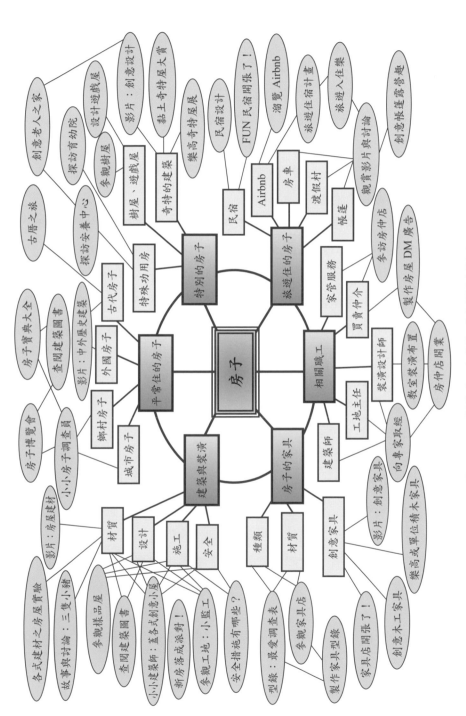

圖 5-1-3.　「房子」主題概念網絡活動圖

護、關懷與探病、看病的人等；而在「病因與防治」概念下，可能還有牙痛、感冒、腸病毒、車禍等次概念；在「疾病照護」概念下，可能還有飲食照護、物理照護、心靈照護、加護病房等次概念；在「關懷與探病」概念下，可能還有關懷行動、探病禮儀、公益組織等次概念；在……。接著為了促進對「病因與防治」、「疾病照護」、「關懷與探病」、「醫院與設備」、「醫護行為」等概念的探索或理解，乃在各概念之下設計各領域相關活動。

以上先概念後活動的設計與直接切入各學科領域活動的「多學科課程」（Multidisciplinary curriculum），是非常不同的（Beane, 1997）。多學科課程例如在「好吃的食物」主題下，直接地於美勞領域進行繪畫各種好吃的食物，語文領域閱讀相關的繪本，社會研究領域參觀超級市場，科學領域進行芹菜變色活動等，各獨立分科的身分仍被保留於教材內容中，主要的目的仍是精熟其所涉及的內容與技能。也就是課程設計始於「每個科目可對主題貢獻什麼？」來思考，確認各個「科目」以及各學科中應被精熟的重要內容與技能，在執行的過程中很容易直接落入設計與各科有關的膚淺活動，發生知識被淺化的現象，主題的探討乃變為次要，這不是本書所倡預設的主題探究課程之設計方法。

至於如何發展主題概念網絡圖呢？教師可透過與其他教師合力腦力激盪、查閱相關資料如百科全書或網路資料等、與同事討論或向他人諮詢方式、甚或參考現成教材或教案，以發展並繪製主題概念網絡圖。即使是萌發的主題探究課程，教師在發現幼兒興趣後也是需要繪製「可能」進行或涉及的概念網絡圖，以利掌握主題的進展，故網絡圖的繪製相當重要，不可輕忽。值得注意的是，所繪製的網絡圖是主題課程的可能方向，在實施時宜視幼兒興趣、師生互動、現實情境等，選定某些概念與活動加以進行，甚或彈性調整加入新的或修改概念與活動，尤其是師生諧融共構的預設課程。

　　一般而言，概念網絡圖只要符合邏輯與知識結構就可，每位教師所設計的概念網絡圖可能不盡相同，例如「房子」主題的概念網絡若將其下的概念設計成「房子的種類」、「房子的結構」、「房子的材質」、「房子的景觀」、「房子的裝潢」、「房子的家具」也很合宜。本書設計的概念有：「平常住的房子」、「旅遊住的房子」、「特別的房子」、「建築與裝潢」、「房子的家具」、「相關職工」等，乃基於思考孩子的觀點，及以幼兒為出發點。因為孩子對周遭具體的人、事、時、地、物特別感到興趣，如對特殊功用的房子──樹屋或遊戲屋、奇特造型的房子、老人或失依兒童住的屋等，與房子相關的職業及人物──建築師、裝潢設計師、工人、買賣仲介等，還有特殊時刻如旅遊住的房子，以及可觸碰的房子附屬物──家具等，甚至是正在建築與裝潢的房子，均深感興趣。

（三）以彈性為要的「整體設計」

　　在整體規劃幼兒所有主題的學習上，是必須關照均衡性、順序性、繼續性與統整性等水平組織與垂直組織的課程設計原則，不過在設計個別或學年（期）主題時最主要的考量是要富有「彈性」，即兼容並蓄計畫性與萌發性──在預定主題方向之初即應先為幼兒需求設想規劃，但也需留白有可萌發的空間，而且也能容許彈性調修。首先就「計畫性」部分，吾人以為，教師不僅在教學時必須扮演鷹架角色，在課程設計時也需預先規劃，為幼兒搭構發展與學習的鷹架。具體言之，幼兒教師於學年初在了解幼兒舊經驗、發展狀況與可能感興趣的主題後，列出可供探討與幼兒必須體驗的重要主題，在配合時令節慶下預做安排，並初步決定整學年的主題課程進度。這樣的計畫安排顯示老師對幼兒學習的負責態度。

　　除了整學年（或學期）的主題預作安排外，課程設計之計畫性尚包括孩子在各項技能與情意面向之發展規劃。技能諸如：探究技巧、語文聽

說讀寫技巧與身體技能等；情意面向諸如：喜探究之心、顯人際正向關係與樂創意表達等。孩子的發展是漸進的，老師有順序、計畫性的安排就是一種鷹架作用，當活動日益深廣與挑戰，愈發引導幼兒向前發展。這樣的計畫性設計，不僅加增幼兒的知識體系，而且也增長各項技能，以及培養情意與創意面向，全面關照幼兒的身心各方面發展（周淑惠，2006）。

其次就「萌發性」而言，在探究過程中從社會建構的觀點，人際間的交流互動、對談，或周遭生活中人、事、時、地、物的激發，都可能會影響主題課程進行的方向，教師要能彈性以對。最重要的是，有時幼兒會對預設課程中的某一概念或活動特別感到興趣，想要深入探究或多加投入；有時則是對老師設計的概念方向與相關活動，不感興趣；甚而是幼兒臨時對某項活動或事物萌發興趣，此時教師就應彈性調修，容許臨時萌發的方向或活動，以滿足幼兒的探究興趣與需求。也就是雖然是預設的主題探究課程，然而考量興趣是學習之源、探究的動力，當幼兒顯現充分興趣時，教師應把握時機適度調修課程內涵，此時就有賴彈性為要的整體設計，即保有留白可發展的課程設計。

例如原本的主題是「好玩的遊戲」，在老師預先設計下，幼兒已經探索了不少的遊戲項目，如老鷹抓小雞的規則遊戲、大富翁的盤面遊戲、角落扮演遊戲、躲避球的運動遊戲、螞蟻搬豆的合作遊戲等。若有幼兒在遊戲場遊戲時，把口袋中大小不同的彈珠從滑梯上溜下來，引發第二天其他幼兒找來大小不同的球，也在滑梯上試試看哪一個滾得遠、快？如是進行了兩三天，幼兒熱潮不減，甚而搬來了木板架在平臺上成斜坡狀，又持續地滾著玩。此時教師可以把幼兒正熱衷的「滾動遊戲」概念納入原設計「好玩的遊戲」課程中，不僅以上彈珠、球等物可以滾，人的身體也可以滾，轉而探究什麼東西可以滾動（如保齡球、輪胎、CD片、身體等）？甚而比較在不同斜度與摩擦力的斜面上的滾動狀態與結

果。這樣的彈性不僅可讓幼兒探究科學概念，而且回應幼兒所萌發的興趣，讓學習充滿動力與富有意義。因此預設的課程在設計之初，保有可發展調修的空間，就顯得相當重要。

此外，有時生活中的偶發事件或社會上正發生的大事，極具教育意義，也必須臨時彈性地納入課程與教學中，如：幼兒欺侮說話腔調獨特的新住民子女，一個「多元文化」概念的遊戲甚或主題課程可以適時納入；或禽流感、腸病毒流行，一個「衛生保健」相關的遊戲甚或主題課程也可馬上切入。總之，預設的主題探究課程之課程設計除了要能具有整學年（或學期）的「計畫性」外，還是要保有臨時「萌發性」，具彈性調整空間，無論是教師指導的或是師生共構的預設課程，皆須如此，方得以回應現實環境或教學互動狀況，真正符合幼兒需求、興趣或情勢所需。

二、設計活動內涵

預設的主題探究課程在預定、確立主題方向後，接著就進入活動內涵的設計，而其設計必須滿足下列三項原則。

（一）能運用探究能力的活動

預設的主題探究課程的設計，是基於「先概念再活動」的繪製思維，以對主題充分的探討，再在概念下設計可探索、理解概念或解決相關問題的活動。值得注意的是，有些概念需經歷數個活動的探討，方得發現或理解，有些活動可同時促進二或三個以上概念的探索或理解，而這些活動則涉及不同的領域。例如「房子」主題的「材質」次概念，「語文領域」的三隻小豬故事討論可先上場，再來是查閱建築圖書或觀看不同建材的房屋影片，接續可進行「科學領域」的各式建材之房屋實驗，然後

是「藝術領域」以茅草、木頭、泥土等設計與建蓋各式創意小屋的小小建築師活動，以及進行「藝術」與「社會」領域的呈現各種樣式與材質的房子博覽會活動。

必須強調的是，主題探究課程最大的特徵就是探究性，因此在規劃概念下的活動時，盡量能設計解決問題、探索未知、解答疑惑等能運用探究能力的活動，這些探究能力包括：觀察、推論、測量、找資料、記錄、比較、驗證、訪談等。以「好吃的食物」主題（請見 2006 年拙著《幼兒園課程與教學：探究取向之主題課程》105 頁圖5.1.3）為例，其下設計「小小市場調查員」活動，就是讓幼兒至超市「觀察」、「記錄」、「分類」與「推論」所見的食物，甚可「訪談」超市工作人員，以達求知及驗證的目的；「我的飲食日誌」就是「記錄」每日所吃食物內容，並「分類」健康食物與垃圾食物，以發現自己的飲食規律與狀態並期設法調整。

以圖5-1-3.「房子」主題為例，「特殊功用」次概念下的「探訪安養中心」活動，就是「觀察」、「訪談」、「記錄」與「比較」安養中心與一般住房之差異，以發現老人的特殊需求；「材質」次概念下之「各式建材之房屋實驗」，就是在「實驗」土屋、茅屋與木屋的堅固度，過程中會運用「觀察」、「比較」、「預測」、「溝通」等探究能力，以解惑哪種材質較為堅固。而「小小建築師：蓋各式創意小屋」活動則是透過實際行動建蓋有創意的小木屋、土屋、茅草屋等，在歷程中解決各項問題，自然也會運用多元探究能力。值得注意的是，「查資料」可以是有關房屋種類樣式的相關資料，如建築圖鑑、百科全書等，也可以是查詢網路上各地的民宿資料、經典或奇特建築等。

筆者以為設計活動時，於活動過程中置入能運用科學程序能力固然很重要，其實最根本之道是，活動本身的性質或類型要屬於解決問題、解答疑惑、探索未知事物的活動。「探索未知事物」的活動是指，幼兒對

探索的對象或活動，即擬進行的標的不熟悉，如「春天萬象」主題中，幼兒想種植小黃瓜，孩子不知如何種植，是要種在陽光多的地方嗎？要澆多少水呢？需要肥料嗎？如何讓捲曲的莖向上生長？有蟲害嗎？若有該怎麼辦？都是幼兒未知的、值得探究的問題。其次「解答疑惑」的活動是指活動可解答幼兒心中的疑惑、或解答認知衝突，例如斜板賽車活動中較重的與較輕的模型汽車，誰跑得較快？小鋼珠與如洗碗海綿大的木塊，哪一個會沉入水中？蹺蹺板活動中，為何較重的箱子被高高翹起？

　　至於「解決問題」的活動，顧名思義就是要解決問題，它可以是老師預設的有待解決的問題，也可以是活動進行中隨機發生的問題。例如前例種植小黃瓜後有許多蟲害，也經常被小動物踐踏，兩種狀況各該怎麼辦？又在「好吃的食物」主題之「快樂野炊」活動中，烤熟可吃的肉來不及讓全班幼兒食用，教師請幼兒思考如何讓肉更快烤熟？（可解決的方法如：多準備幾個烤架、加碳或搧風讓火變大、將烤網往下移近火、讓烤肉油滴入火中、肉切小塊使其易熟等）。還有在「好玩的水」主題中的「污泥不見了」活動，請幼兒思考如何清洗有大塊泥垢的地板？（可解決的方法如：用水桶裝水沖、將水管開口壓扁使水強力噴出、先用板子鏟起再沖等）。

　　除了設計以上三類型活動，在活動初始引起幼兒探究動機方面，也很重要，這可以顯現在活動的名稱上，或是活動開頭的問話部分。例如「房子」主題中「小小房子調查員」活動，其名稱可以用問句表現如「城鄉房子有何不同？」「參觀家具店」活動，其名稱可以是「有多少種類的家具？」，「參訪房仲店」活動，其名稱可以是「房仲店是做什麼的？」再如「好吃的食物」主題中可以有「烹調的方式有哪些？」、「餐飲禮儀有哪些？」、「食物如何加工？如何保存？」等活動。此種方式的好處是一見活動名稱，就可引發探究動機，但是不知活動的內涵與進行

方式為何。

　　另一種方式是活動名稱直接顯示活動的主要內涵，如「小小房子調查員」、「參觀家具店」、「參訪房仲店」、「旅遊住宿計畫」、「快樂野炊」、「創意蔬果汁」、「我的飲食日誌」等。但很重要的是，在個別活動簡案開頭的引起動機處，必須伴隨問題以引發幼兒的探究動機，諸如城市與鄉村的房子有什麼相同與不同的地方？有多少種類的家具？房仲店是做什麼事情的？如何安排旅遊時的住宿處所？烹調的方式有哪些？餐飲的禮儀有哪些？此種設計的好處是所要進行的活動內涵一目了然，又達到引起探究動機之效。筆者比較傾向此種方式，但也不排除以問句為活動名稱的方式，其實兩種方式可以混合運用於概念網絡活動圖與教案中。

　　總之，若是所設計活動屬於以上三種類型的活動——解決問題、解答疑惑、探索未知，幼兒就比較有機會運用各項探究能力；或者是特意鑲嵌探究能力的運用於活動內；再加上活動能引起動機——以問題命名活動、活動初始以提問切入，就可全然激發幼兒的探究行動，這是設計活動值得注意之事。

（二）能發揮創意思考的活動

　　培養應變人即迎變創新的個體，是新世紀課程與教學的目標之一（周淑惠，2006）；然而許多教師喜歡抄襲坊間教材或現成參考資源，完全沒有創新發想成分，也無法讓幼兒於活動中發揮創造力，因此創造性教學旨在期盼教師創意地設計能讓幼兒發揮創造思考的活動（周淑惠，2011）。例如在「房子」主題下，進行「創意木工家具」、「創意老人之家」、「小小建築師：蓋各式創意小屋」、「創意帳篷露營趣」、「黏土奇特屋大賞」等，均是可以將探究所得知能加上創造力運用於標的的設計上，如帳篷的造型可以是三角錐、傘狀、圓拱狀、長方體的無限樣

式，而其材質可以是木板、紙箱、大型垃圾袋、塑膠布，或是幾種素材的混搭運用。

再如在「好吃的食物」主題下，進行「創意蔬果汁」、「創意醃製泡菜」、「創意沙拉」、「創意&健康烹飪活動」等，均是讓幼兒可以發揮創意的活動，如三明治可以是圓形、五角形、星芒形、內凹的盒形、口袋狀等，夾層內容有無限變化如榴槤泥、紅豆泥、香蕉泥、豆腐、冰淇淋等；壽司外形與內容亦是如此，甚至搭配顏色與造型。此外「製作創意食譜大全」，幼兒更可以大膽地將不同材料結合，運用探究歷程中所學知能與創造力，繪出色香味俱全的菜色，如鍋巴巧克力捲餅（酥脆鍋巴淋上巧克力醬裹於捲餅中）、蛋塔冰彩船（蛋塔上裝各色冰淇淋）、脆片榴槤手卷（冰淇淋甜筒內裝榴槤與喜瑞爾脆片）、水果鳳梨船（切半挖空成船形的鳳梨船上裝切成球狀的水果）等。

其實如第一章所論述，探究是創造的前奏曲，又「創造力需要求知與表徵做連結，開啟孩子的一百種語言。」（Edwards, Gandini, & Forman, 1998: 77），因此建議教師在主題探究課程中，多能設計（或引導幼兒）運用探究力的活動並鼓勵幼兒多元表徵其探究發現，那麼自然易於展現令人驚豔的一百種語言。

（三）針對目標並均衡領域的活動

目標是教學活動的依歸，設計教學活動時宜依據目標而設計。然而，許多人在設計活動時可能參考許多現成資源，當發現可用或有趣的活動時，就急於編入課程，躍躍欲試，結果形成活動與所設定目標不符的現象，無法針對所要探索、促進的概念或所要達成的目標而加以設計。在主題概念網絡活動圖中，各個活動是為探索或達成概念目標而設計的，有的概念目標需要許多不同的活動才能穩固形成概念，而有的活動本身可以助益多個概念的理解。

　　從「房子」主題概念網絡活動圖可以清楚看出哪一個活動是針對哪一個概念而設計，其實只要抓住主要的概念目標，就不會造成活動內容與之不相干，或是活動目標訂得太廣泛的現象。例如「小小房子調查員」是為探索「城市房子」與「鄉村房子」概念目標而設計的，目的是在觀察城鄉各類房屋後，將其比較、分類並記錄，以建構或發現城鄉房屋之異同。「查閱建築圖書」活動就是針對「建築與裝潢」概念下的「設計」次概念而設計，目的是藉查閱圖書（如百科、圖鑑等）中各式房屋圖像，以歸納與統整房屋的設計式樣；「參觀工地：小監工」則是針對「建築與裝潢」概念下的「材質」、「設計」、「施工」、「安全」次概念加以設計的，以探索這四項次概念。

　　此外，幼兒教育的重要目標是全人發展，因此強調各領域均衡的課程，就顯得相當重要。如「房子」主題中均衡地涉及社會（如「參訪房仲店」、「探訪安養中心」、「新房落成派對！」等）、語文（如「查閱建築圖書」、「房子寶典大全」等）、藝術（如「房子博覽會」、「樂高奇特屋展」、「小小建築師：蓋各式創意小屋」、「創意帳篷露營趣」等）、認知（如「各式建材之房屋實驗」、「小小房子調查員」等）各領域的活動。但是有些主題難免有所偏傾，例如「光與影」主題較為科學性，「我愛我家」偏向社會性主題，其實只要持有均衡之念，做到整學期或整學年均衡，也無可厚非。

三、預備情境暨引發動機

　　承上所述，無論活動名稱是以問題命名，或是活動設計在開頭引起動機處以提問切入，再加上若是所設計的活動性質屬於解決問題、解答疑惑、探索未知的活動，就比較容易引發幼兒的探究行動。然而在整個主題進行前的預備情境也是非常的重要，它是讓整個預設的主題探究課程

開始預熱引擎，讓幼兒進入主題探究的氛圍中。預備情境包含探究環境的布置與探究相關事宜的聯繫及安排，它與課程設計有關，也與教學互動相關。此外，開啟能夠引起幼兒對整個主題的探究動機的活動，也是必須的。若做好這三件事，必能為幼兒投入整個主題的探究行動做好充分的準備，引發十足的探究動機與行動，讓整個主題的進行更為順遂，茲說明如下。

（一）布置引發探究的環境

布置引發探究的環境含括兩件事，如下所述：

1 探究情境的布置

在幼兒教室中要營造探究的氛圍，首先各角落環境盡量顯現主題的氣氛，例如「房子」主題，牆上可貼有古今中外各式房屋圖片，益智角擺有建設公司樣品屋模型，圖書角有與房子或建築相關的繪本、百科或圖鑑，積木角有建築、房子圖片與形形色色積木等，也就是各角落盡量配合主題需求，讓幼兒一入教室就可感受到刻正研究的主題是房子。此外，亦可在入門或其他明顯處，讓幼兒自製「我們正在研究……」的主題海報。至於各角落應如何設置與規劃，包括規劃原則、教具陳列等，請見 2008 年拙著《幼兒學習環境規劃》一書。

合宜的探究環境布置，可提醒並激發幼兒對主題的探索，然而並不代表教室都是教師個人滿滿的「美化」作品，切記這是幼兒生活與探究的空間，所有的布置要盡量與主題的探究有關；而且一定要有留白處，以供孩子在探究後表徵作品或陳列紀錄（發現），孩子會很興奮他的紀錄與作品是環境中的一部分，激發其更加投入於探究行動中。簡言之，整個教室的布置盡量與主題有關，並充滿孩子探究的所有軌跡。

② 網絡圖的介紹（與張貼）

　　甚至教師可將所預先規劃的主題概念網絡活動圖製成大型海報，於團討中提出並介紹，其主要目的是要藉團討更加了解孩子的舊經驗，一方面也檢視其設計是否真正是孩子的興趣所在，並盡可能做一些小幅度的修改。介紹主題活動與確認孩子的興趣後，筆者強烈建議教師央請幼兒在概念與活動旁繪上小圖示，然後貼在團討區明顯處，其目的是要讓幼兒舉目即見所正探究的主題與即將探究的活動，更加形成探究氛圍。甚至教師可將幾個即將探討的問題，寫成文字並請幼兒在旁繪圖示意，然後貼於教室醒目處，如城市與鄉村的房屋有什麼相同與不同的地方？房仲店是做什麼工作的？工地的安全措施有哪些？房屋建築有多少種設計或式樣？有多少種類或式樣的家具？

　　與孩子共構是預設課程中較為開放的型態，筆者以為不僅包括教學活動中的互動，也包括初始的活動規劃階段的開放性，即接納幼兒對課程與教學活動的想法。因此，如果教師想減少主導性，可以在團討時與孩子深入對談，甚至適量修改原規劃概念與活動，納入孩子的想法，邁向師生共構的預設課程境界。即使一開始實施時，教師不適應太開放的互動，這樣地向幼兒說明即將進行的課程與活動，如要去家具店參觀以探究有多少種類的家具？要去房仲店參觀以了解他們是做什麼的？會讓幼兒充滿期待，更能聚焦於接下來的探究取向課程，反而有利課程的順利進行。

（二）安排開展探究的相關事宜

　　規劃好的課程與活動一定包含許多事務，必須預作考量、比較並事先聯繫與安排，以利整體課程順利開展。例如有關園外參觀事宜，在聯繫前與過程中必須思考參觀地點適合幼兒前往嗎？人物份子會太雜亂、有

安全上的顧慮嗎？對方合作的態度如何？參觀機構或地點與園方的教育理念相符嗎？經費預算合宜嗎？交通工具的安排方便嗎？義工家長能支援外出護衛嗎？在確認以上問題無虞後，則著手交通、義工家長、園內申請手續等相關事項的進一步安排。

此外，幼兒所需觀賞的影片、相關繪本、圖鑑、百科等，以及操作的材料如七彩紙黏土、拱形與單位積木、樂高積木、木片與木條、茅草等，也要事先備妥或請購。還有幼兒可能要訪談的人選以及要入班分享的專家等，都必須事先聯繫並給予一些與幼兒互動上的建議。最後但也是很重要的，就是需要家長配合的事項，也必須於主題開展前預知。例如進行環保主題時需要大量回收素材，或校外參觀需要大量義工家長支援等，尤其是一學期若有規劃多次外出參觀，必須對家長人力預先安排，才能順利成行並完成整個課程計畫。

（三）開啟引發主題探究動機的活動

布置好能引發探究的環境氛圍後，則可以開始進行可引發幼兒對整個主題的探究動機活動，這是初試水溫的開啟主題活動。例如「房子」主題剛開始以類似樣品屋的模型房屋或是立體繪本房屋展開團討，在孩子熱烈發表中提問孩子：「世界各地的房子都長得一樣嗎？」、「有多少種類型的房子？」、「怎麼知道？」於是開啟孩子一連串的探索與表徵活動。或者也可以是出示模型房屋後，老師接著拿出足以製造認知衝突的偏僻鄉間破落茅草房、土塊房照片，告訴幼兒在鄉間這類房子確實存在，引發幼兒好奇想一探究竟之心；接著又提問「城市與鄉村的房子都一樣嗎？」、「有什麼一樣的地方呢？」、「有什麼不一樣的地方呢？」、「怎麼知道？」就此，「小小房子調查員」活動就可上場，展開一系列探索與探索後的表徵活動。

每個完整的教學活動前半段都有引起動機的部分，主題探究課程初始

階段的開啟探究活動，猶如每個活動前半段的引起動機般，具有引發對整個主題探究動機的作用；而且它可以讓老師再次檢視所設計的課程與活動是否符合幼兒的興趣與發展水平，再度了解孩子的舊經驗與知能，讓老師有機會再加調整所預設的主題概念網絡活動，或增添角落教具教材等，以利探究課程的進展。

第二節　預設課程的教學互動

　　上節探討預設的主題探究課程的設計，大體上焦點於主題探究課程第一個階段中的主要任務。本節則著重於預設的主題探究課程的教學互動，包含主題三階段：具體運作、具體教學互動與鷹架引導，茲論述如下。

一、具體運作

　　設計好主題課程與活動並預備好激發探究的情境後，就開啟能引發整個主題探究動機的活動，隨後進入主題探究課程的第二階段——主題發展階段，教師可按照所設計內涵實施各項探究活動，而其具體運作即按上章「探究、鷹架、表徵」交疊且循環的運作原則。也就是孩子投入於探究行動中或後，教師則在旁搭構鷹架引導，同時孩子也可能以各種方式表徵、解釋或分享其探究結果、發現或理解；甚或孩子在表徵中或後，教師也適時搭架引導。而「探究、鷹架、表徵」的核心是老師的評量，每一個環節都在評量，並據以調整其教學互動，如是不斷循環。最後進入第三階段——主題統整階段，亦是持續如此互動、循環，於是在主題探究課程三個階段的各個活動接續進展下，幼兒擴展知能與統整所學。可以說整個課程三階段雖各有重點任務，但都是按「探究、鷹架、表徵」的循環歷程運作的，如圖5-2-1.所示。

　　第一個階段——主題初始階段雖著重於課程的設計與預備，但是其運作也是「探究、鷹架、表徵」的循環歷程。當老師依據孩子的需求與興趣預設主題及設計活動，並將概念網絡活動圖於團討中提出與介紹時，孩子也在師生對話中初步「探索」這些概念與活動。具體言之，在如同「鷹架」作用的對談討論中，老師不僅試圖讓幼兒理解即將進行的課程，並且也在「評量」孩子的理解；同時幼兒則透過肢體語言「表徵」

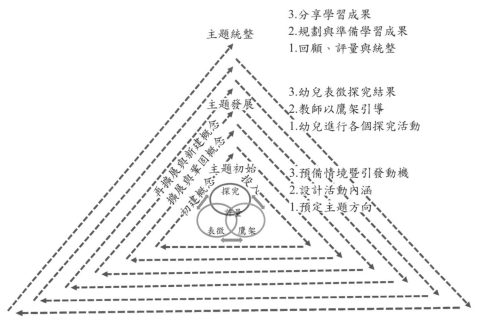

3.分享學習成果
2.規劃與準備學習成果
1.回顧、評量與統整

主題統整

3.幼兒表徵探究結果
2.教師以鷹架引導
1.幼兒進行各個探究活動

主題發展

3.預備情境暨引發動機
2.設計活動內涵
1.預定主題方向

主題初始

再擴展與新建概念
擴展與重同概念
初建概念

探究
評量
表徵　鷹架

圖 5-2-1.　預設的主題探究課程之三階段具體運作

其理解、舊經驗與探究興趣；接著在老師持續「評量」下，將網絡圖做適度的調整，幼兒則於網絡圖上加繪小圖「表徵」其理解，隨後並張貼。此亦顯現以評量為核心的「探究、鷹架、表徵」歷程。

　　而在主題初始教師預備情境時，也會開啟可引發幼兒對此主題探究動機的活動，孩子在這初步「探究」與「表徵」活動時，教師則夥同在旁「搭構鷹架」與對話，不僅更激發孩子的探究動機，也更進一步地了解孩子的舊知能與探究興趣。例如「房子」主題以團討中的模型房屋開啟引起對主題探究動機的活動，在教師連番提問，諸如：「有多少種類型的房子？」、「國、內外房屋有什麼不同？有什麼相同的地方？」、「城市與鄉村的房屋有什麼不同？有什麼相同的地方？」下，見孩子舊經驗有

限無法言之有物後，遂提供富地域特色的各國典型建築或城鄉建築影片，並於觀賞前後提問以為「鷹架」作用（材料鷹架、語文鷹架）；於是接續展開一系列「探索」活動與「表徵」，教師均在旁以「鷹架引導」並「評量」，最後幼兒製作房子寶典大全的大書、表現不同式樣與各種材質的房子博覽會，以「表徵」其探索發現。因此主題探究課程初始階段的實施也是「探究、鷹架、表徵」交疊的循環歷程。

在進入主題探究課程的第二個階段發展期時，也是無數個「探究、鷹架、表徵」交疊的循環歷程。當一個個事先設計的活動上場時，幼兒在活動過程中必須運用「探究」能力並「表徵」探究結果，而教師則隨伺在旁「搭架引導」及「評量」，可以說經歷了諸多以上的循環歷程。例如「參觀樣品屋」活動後的「安全措施有哪些？」活動中，對於某項建築安全措施，幼兒在老師「評量」與「協助」下運用多項「探究」能力，如上網查詢資料與紀錄，以了解其作用與方式；在團體討論中推論（表達）該項安全措施的理由與歸納各項措施；又在老師「鷹架」提示下，訪談建築師、工地主任等，以驗證其想法或解答更多疑惑；並在老師「協助架構」下，將所獲資料繪成工地安全小冊，「表徵」其發現。

而在接下來的「參觀工地：小監工」活動則藉實地參觀工地，「探究」建築的材質、設計、安全與施工概念，並比對工地安全小冊與現場安全措施的異同。例如行前在老師「鷹架提示」下，準備好觀察的重點與訪談的問題；參觀時，以相機或繪圖記錄所蒐集的資料；回園後，各組幼兒「分享」與討論所得，並在老師「引導」下，透過各種方式「表達」探究結果，如工地萬象繪圖表徵與從畫設計圖開始的「小小建築師：蓋各式創意小屋」活動——以各種材質如木頭、黏土與茅草等實際體驗設計與建蓋房屋的歷程。可以說整個探究歷程中，教師一面評量孩子的表現，一面搭建合宜鷹架並調整教學互動，如此一個接一個地進入其他活動。

　　而到了最後主題尾聲階段，教師運用統整活動如「新房落成派對！」、「房仲店開業」等，讓幼兒重溫整個主題活動的歷程（回溯「鷹架」），並運用歷程中探究所得的知能，進行期末大統整活動的規劃與呈現——主題成果展，教師並藉機「評量」整個主題目標是否達成且隨時予以「鷹架協助」。這最後的主題統整階段也是「探究、鷹架、表徵」的循環歷程，當幼兒「探究」期末成果展要如何準備與呈現的當時，即「表徵」了他們的想法，教師則在旁「評量」與「提供鷹架」，最後孩子運用多元方式「表徵」暨呈現期末成果展出活動。

二、具體教學互動

　　預設課程的師生教學互動，尤其在教學引導方面，大體上可以分為兩類：教師指導、師生共構，其實在這兩者之間可能存在許多不同的類型，端視教師引導的多寡程度，引導過多就成教師主導了。雖然吾人在教學互動上主張師生共構的境界，但是在初次實施探究取向主題課程時，教師的強力引導（即教師指導）可能還是必須的，一則幼兒的探究能力——觀察、推論、記錄、預測、溝通等需要強化與練習，並期望幼兒能養成主動探究的習慣，再則教師也需時日開放、調適自己以發展諧融共構的技巧。當然本書不主張教師完全掌控、毫無彈性專制的主導式教學互動，教師可稍微放手從較多的引導（即指導）開始，逐漸開放增加孩子的自主權，最後臻抵師生平權共構、課程諧融共生的境界。

　　舉「房子」主題中的「小小房子調查員」活動為例，初始教師可以按照教案上計畫的一步步指導孩子運用探究能力，讓孩子經歷觀察、比較、分類、記錄、訪談、查資料、溝通等能力，去蒐集資料回答「城市與鄉村的房子都一樣嗎？」、「有什麼不一樣的地方？」、「有什麼一樣的地方？」等問題，或解決探究歷程中的相關問題。而初始指導的目的在

讓孩子知悉並熟練各項探究技巧，如「觀察」時盡量運用五覺，並須從不同面向或角度觀察；「記錄」時可運用多元方式如劃記、繪圖、照相、測量等；以及「訪談」前可先思考要詢問的問題，並記下重點供現場進行時參照；還有「查閱資料」時可請老師協助如何看目錄、找頁碼，或將實物與圖鑑照片比對；「實驗」時要先預測並注意一次一個變項，以及要記錄結果以供事後比較與做結論等。

其後在幼兒對探究能力逐漸熟練後，教師則需日益開放，允許孩子思考並運用自己的方法蒐集資料或解決問題，這通常要經歷至少一兩個主題後。若再以「房子」主題為例，教師可以問孩子有什麼方法可以知道城市與鄉村的房子是否一樣？如果幼兒回答：「去城裡、去鄉下看啊！然後畫下來啊！」老師可再以語言鷹架詢問：「要看什麼重點？要比較什麼內容？要怎麼記錄？除了畫下來，還有沒有其他辦法？除了去城裡、去鄉下看，還有沒有其他方法可以知道？」引發幼兒進一步思考，培養獨立探究能力，以利其後的探究行動。

再如老師在「好玩的遊戲」主題中，初始按照教案上計畫進行一系列體能遊戲、盤面遊戲、合作遊戲等活動，大量引導孩子探究各類遊戲內涵及其設計，讓孩子獲知所有遊戲都要設有規則、設計時要先思考並畫設計圖；而在此次主題的後半階段或以後的類似主題中，就可讓幼兒運用所學到的設計技巧與遊戲規則的知識，實際設計出好玩的遊戲。也就是說，教師宜由較多的引導（即指導），逐漸開放釋權於孩子，讓課程可以諧融共生。

除了以上有關探究的方法、設計的方法外，主題探究課程中的活動內涵也可逐漸開放共構。例如在「好玩的遊戲」主題中，為要促進合作概念因而設計「支援前線」、「怪車橫行」、「螞蟻搬豆」等的團體或分組遊戲活動，在孩子共同以肢體合作搬物或移動時，若有幼兒突然發現自己身體的無限潛能，連帶引起其他幼兒紛紛探索身體部位與動作，如單

腳跳、滑步、翻轉、匍匐前進、蠕動前行等各種可能的移位動作；此時教師宜順應幼兒萌發的探索興趣，因為這也是遊戲，是探索身體的遊戲，將合作搬運任務結合各種移位動作，讓幼兒盡情探索與發揮。也就是將權限適度鬆綁、下放轉移，讓雙方想法相融共生，使學習對幼兒是有趣的、有意義的。整體而言，活動內容雖是教師設計的，但是幼兒也能依照其萌發的興趣，在合作的框架下平權共構出新的活動內涵。

又如在「滾動與轉動」主題（請見 2013 年拙著《遊戲 VS. 課程：幼兒遊戲定位與實施》209 頁「滾動與轉動」主題概念網絡活動圖）中的「滾東轉西」團體遊戲，孩子探索了老師所提供物體的滾動與轉動後，興趣依然熱烈，有幼兒找起教室內可以滾動或轉動的物體，於是起了漣漪作用，全班幼兒忙著尋找與試轉、試滾。在幼兒要求下，老師持續讓幼兒遊戲探索，有孩子很得意地發現 CD 片可以轉動也可以滾動，有孩子興奮地發現錢幣也有同樣效果，又有孩子雀躍地發現鉛筆也是可滾可轉……。接著有孩子比賽起轉動與滾動的速度，歡樂聲此起彼落，就這樣原本點心時間遂改成自行取用方式。

再如同一主題下幼兒玩過「球兒滾滾滾」團體遊戲後，興趣盎然高漲，老師遂將扇子與乒乓球放在角落中，讓幼兒自由探索；孩子在角落中搧著扇子一會後，舊經驗使其知道球很輕，所以應可以用嘴巴吹動，於是嘗試與驗證，真的發現用嘴巴吹也可讓乒乓球移動，大家紛紛玩起用嘴吹乒乓球的遊戲，並在行動中發現用手拍打震動地板，也可讓乒乓球移動。老師問：「嘴巴吹出來的是什麼？還有什麼方式也可產生同樣效果？」結果每天都有新花招出現。最後在孩子要求下又進行了一次「球兒滾滾滾」團體遊戲，各組可以用自己的方式移動乒乓球入球盒，所用的方式非常創意多元，如用寶特瓶對著乒乓球擠壓（空氣流動）、用繪本搧、用吹風機吹、用粗橡皮筋彈等，孩子樂此不疲，於是讓遊戲又回到角落中玩了一陣子。

　　總之，不要把教師指導與師生共構看作是兩種類型的教學互動，其實兩者間是程度性的差異，教師是可以逐漸削減主導性，開放自己的教學，不僅是探究的方法可以合作共構，甚至探究的內涵也可諧融共生。整體而言，預設的主題探究課程相對於萌發的主題探究課程較易實施，若教師能確切設計具有探究成分的活動，如具解決問題、探索未知、解答疑惑本質的活動，並且逐步引導孩子運用探究能力或其他相關能力，當孩子習於探究並養成探究習慣時，師生諧融共構的境界就很容易實現，在此預設與共構的基礎上，欲落實下一層次萌發的主題探究課程，實乃不遠矣。

三、鷹架引導

　　探究取向主題課程無論是其三階段具體運作原則——「探究、鷹架、表徵」交疊且循環，或是具體的師生教學互動，教師的鷹架引導都是關鍵要素。第三章筆者曾述：鷹架引導實為立基於社會建構論的主題探究課程之重要原則，它顯示幼兒存有近側發展區，以及在鷹架引導下，幼兒可超越目前的表現水平。筆者也曾提出六項重要鷹架：回溯鷹架、語文鷹架、架構鷹架、同儕鷹架、示範鷹架、材料鷹架（周淑惠，2006），對於主題探究課程之實施是不可或缺的，可供教師參照。由於 2006 年書中已以課程實例詳細說明，此處僅重點摘錄並以「房子」主題示例；此外將針對形同所有鷹架核心的語文鷹架以及教師認為較困難運用的架構鷹架，詳加說明。

（一）回溯鷹架

　　即回憶舊經驗，勾勒印象，幫助記憶短淺的幼兒喚起記憶，以利接續的探究行動，尤其是在後續的探究或設計要運用先前經驗或知能的狀況

下。例如將科技媒體如攝影機、照相機、電腦等所攝製之影、照片張貼與播放；或是將幼兒於主題歷程中的探索發現或記錄張貼或再度呈現；當然教師也可僅以口語回溯，但其效果不如具體物與影、照片，若能相互搭配，則能彰顯效果。以「房子」主題為例，孩子外出進行「小小房子調查員」活動後，教師發現幼兒的觀察與記錄表淺粗簡，就可將當時所攝之影片於團討時間播放與研討，再次喚回城鄉樣貌印象，以助其更仔細觀察、比較與表徵城鄉房屋之差異。

（二）材料鷹架

即教師提供多元材料讓幼兒表徵，以幫助幼兒更加理解或建構概念；而有些材料雖是間接的，但有益幼兒求知查詢或創作表徵，如提供相關參考繪本、圖鑑、百科或影片。大體言之，材料最好是具開放性的，可彈性或創意運用的，如各式積木、各種黏土、各樣連結建構材料、各種回收材料如木棒、木棍、紙箱、寶特瓶等。不過材料鷹架通常要透過語文鷹架的仲介，例如在「房子」主題的「房子博覽會」活動，幼兒以黏土揉成圓拱形屋頂，但是一直垮下來，幾乎瀕臨放棄階段，此時教師可以對幼兒說：「這個圓拱形想法很特別，是真的有許多國外房子長這樣！你觀察的很仔細喔！」、「你覺得為什麼黏土會撐不住、垮下來？」、「有什麼辦法可以讓黏土不會軟垮？想想看！」、「可以到回收材料區找找看！」以助幼兒聚焦問題成因並思考如何解決。

（三）同儕鷹架

即藉助混齡或混能分組，讓較有能力或年齡較大的同儕發揮激發與協助其他幼兒的作用。例如在「房子」主題的「旅遊住宿計畫」活動，就可讓大班認知能力較強的孩子當小組長，帶領其他幼兒訂定旅遊住宿計畫；而在「小小建築師：蓋各式創意小屋」的活動中，也可讓木工能力

或手眼協調較佳的幼兒擔任小組長，教示大家釘製小木屋。而有時將幼兒困惑點或待解決問題於團討時間討論，總有幼兒表達令人驚嘆的想法，亦可激發其他幼兒發揮鷹架作用，教師可善加運用。例如幼兒於「小小房子調查員」活動後的表徵過於表淺，未能清楚表達城鄉房屋之異同，教師在團討時間中播放外出當時所攝影片並提問、討論時，觀察細微的幼兒所拋出的觀點，可以激發其他幼兒再從不同角度仔細觀看，是回溯鷹架，也發揮同儕鷹架效果。

（四）示範鷹架

即以適度的言行或材料為模範，讓幼兒可以參照，幫助經驗或技巧較為欠缺的幼兒，抓住重要技巧或做事方法；或是以實物、作品或行為做為比較與探討的樣本，引領一時未意識到的幼兒比對與思考，從而改良調修。前者如「房子」主題的「小小建築師：蓋各式創意小屋」活動，教師可播放工程師或建築師在大型工程前的設計階段影片，讓幼兒知悉設計的必要與重要性，引發幼兒先行繪製小木屋設計圖；此外，用槌子釘製木頭其實有些難度與技巧，並且涉及安全問題，因此需要教師事先示範槌子與釘子的握拿方式與釘槌技巧。而後者如老師發現幼兒的創意小木屋缺乏某項元素，也可適時自製一小木屋，讓幼兒比較老師的與他們自製的小木屋有何不同？期望幼兒思考後予以精進。

（五）架構鷹架

即提供思考或做事的框架或方向，引領較缺乏專注力與系統化行動的幼兒專注於眼前行動，或讓探究行動聚焦、有方向依循，使探究或表徵順暢持續。例如老師將設計好的房子主題網絡圖向幼兒說明時，網絡圖中心的「房子」字眼，可以用一個房屋圖像替代，幫助幼兒進入主題情境的討論；而其後讓幼兒於網絡圖上繪製小圖示並張貼，也是一種架構

作用，讓幼兒更加意識探究方向。再如在探究國內、國外房屋有何不同時，老師預先繪製代表國內房屋與國外房屋的兩個圓圈，讓幼兒將二者相同點繪於兩圓圈交集之中央處，藉兩圓交疊圖幫助幼兒思考城、鄉房屋之異同處（圖5-2-2.）。

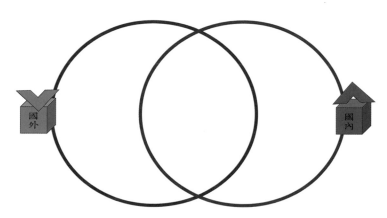

圖 5-2-2.　架構鷹架——國內外房屋有何異同之記錄圖紙

再如進行三原色混色實驗時，通常孩子都是胡亂猜測後，就急於將不同色水混合，過程中常忘了是哪兩種顏色混合產生哪種顏色，或幾種顏色亂混……。建議老師在詢問：「如果我想做紫色的果汁，要混合哪兩種顏色的果汁？」後，能接續討論與示範有系統地將水混和步驟（示範鷹架）。如圖紙左上方1、2、3順序，並將所欲混合標的顏色：紫、綠、橙也置於圖紙上（左下方），讓各組幼兒有標的顏色的提示，因而較易預測與記錄；接著再讓幼兒以混合顏色行動驗證其預測是否屬實及記錄實驗的結果，這也是一種架構鷹架（圖5-2-3.）。

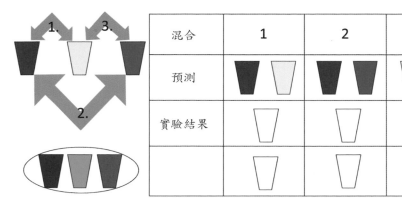

圖 5-2-3.　架構鷹架──三原色混合記錄圖紙

（六）語文鷹架

　　即透過讀寫及言談對話，幫助幼兒思考、推理與探究，因為有如第三章社會建構論所述，語文就是心智工具（Bodrova & Leong, 1996）；也誠如第四章提及，教師應彈性運用擴散性問題與聚斂性問題，以協助幼兒思考與統整思緒。又根據張語齊（2016）的研究，教師於主題課程中言談之考量很多，而其所運用之言談策略亦多，這些言談考量與言談策略多具鷹架協助作用，例如提升想法可行性、提供思考方向與空間、組織討論內容、回溯以繼往開來等子考量下，分別運用重述、結論、暗示、提問、鑽探等言談策略，協助幼兒喚醒有關主題之舊經驗，並促動幼兒反思，以利探究行動。職是之故，教師要靈活運用以上各種言談策略，也就是不僅有提問，而且也要有暗示、鑽探、重述等不同的言談策略。

　　言談鷹架可以是老師與幼兒的言談對話，也可以是安排小組同儕間的對話，這也具同儕鷹架作用。至於讀寫鷹架如在「房子」主題中，孩子查詢資料以獲解答（查閱建築圖鑑）、以塗鴉記錄探究結果（製作家具型

錄、房子寶典大全）、以圖示標記主題概念網絡圖等，均屬之，皆可協助幼兒在讀寫歷程中思考與澄清其思緒；例如圖 5-2-2. 與圖 5-2-3. 的架構鷹架，通常以文字圖像呈現，可幫助幼兒思考、聚焦以利探究，也是一種讀寫鷹架。又言談為眾多鷹架之核心，各類鷹架確實藉由言談而建立（張語齊，2016），例如上述教師提供材料鷹架、示範鷹架、回溯鷹架時，均需搭配言談說明或提問，甚或同儕鷹架也多以口語為之。總之，運用言談與讀寫的語文鷹架以引導思維相當重要，教師可視幼兒與情境需要，合宜地善加運用。

6 萌發的探究取向主題課程之教學實務

　　上章論述相對容易實施的「預設的」探究取向主題課程之教學實務，本章則轉向「萌發的」探究取向主題課程之教學實務之探討。萌發的探究取向主題課程由課程設計層面言，有從扮演遊戲萌發與從生活焦點萌發兩種類型，無論是哪種類型，它與預設課程最大不同處乃在於逐漸有機生成，而非一次到位的事先確立，因此本章第一節探討萌發課程的「設計」，即如何逐漸有機生成。而有機生成的課程大體上有兩類——萌發與教師指導、萌發與師生共構，其相異處乃在於後者於實施過程中的教學互動，是較為接納幼兒想法並與其共同建構的，所以本章第二節論述萌發課程的「教學互動」。

第一節　萌發課程的設計

　　探討萌發式課程的設計前，吾人必先了解萌發課程的特色。萌發式課程相當強調跟隨、順應孩子的興趣，但是並不表示教師可好整以暇地不必設計任何課程，它還是一種計畫的程序，教師必須從孩子的關注或興趣開始著手，創造可能的活動網絡之暫時性計畫；然後觀察孩子接續的反應，在評估後加以調整（Bredekamp, 2017; Jones & Nimo, 1994）。也就是它不是預先把所有的課程與活動設計完成，以供實施時照本宣科，它

是在歷程中不斷生長設計的，其課程設計的特色是彈性、動態、逐漸發展的，容許依照幼兒的關注點或興趣發展的（Stacey, 2009）。而根據 Stacey（2009），它有六項特徵：以孩子的興趣為始是孩子啟動的、教師觀察並回應孩子的興趣、教師以鷹架促進孩子深入的探究、彈性與動態的計畫與發展、以文檔記錄檢視與調整教與學、連結與運用學習理論於教室。

　　簡言之，萌發課程的計畫是有機逐步生成的，是與時俱進地調整暨發展的，有別於完全是預先設計確立好的預設課程；即前者的設計是「有機生長」的，後者的設計則比較是「一次到位」的。進一步地說，萌發式的主題探究課程相當重視孩子的興趣、關注或需求，教師必須在敏銳的觀察下，隨時追隨孩子的關注點，並加以引導日漸生成課程。然而它與預設的主題探究課程的設計相同的是，都必須由幼兒周邊的家庭與學校生活中感興趣的人、事、時、地、物，開始注意其發展為主題的「可能性」，如圖5-1-1.所示；不同的是，它是在幼兒顯現相當興趣後，才著手規劃可能的課程，有點是跟著幼兒的興趣而行動，而且是彈性與動態地隨幼兒興趣而生成發展的。

　　萌發的主題探究課程之三階段教學任務如表6-1-1左方欄位所示，此表亦並置列出預設課程之三階段教學任務，以達比較之效（註：加底線部分與空白對應部分是兩者教學任務之不同處）。由表清楚看出有幾項教學任務是預設課程沒有的，如與幼兒共繪「主題概念網絡（活動）圖」並標示欲探究的問題、張貼「主題概念網絡（活動）圖」並預留彈性隨時修正、記錄與檢視「主題概念網絡（活動）圖」，此乃因為萌發課程是追隨孩子興趣有機生成的，因此得與幼兒共繪主題概念網絡（活動）圖，了解其舊經驗與欲探究事項，在保有彈性發展空間下，並需張貼且隨時記錄、檢視與修正，以反映幼兒的萌發興趣與實際的探究進度。

表 **6-1-1**

萌發與預設的主題探究課程之三階段教學任務比較

任務／三階段	教學主要任務	
	萌發的主題探究課程	預設的主題探究課程
主題萌發 主題初始 （預設）	1. 鎖定萌發中的主題 2. 設計參考的活動（繪製參考的主題概念網絡活動圖） 3. 與幼兒共繪「主題概念網絡（活動）圖」並標示欲探究的問題 4. 預備情境暨引起動機	1. 預定主題方向（預設主題方向與繪製概念網絡圖） 2. 設計活動內涵（繪製主題概念網絡活動圖與撰寫教案） 3. 預備情境暨引起動機
主題發展	1. 張貼「主題概念網絡（活動）圖」並預留彈性隨時修正 2. 幼兒進行各項探究活動 3. 教師以鷹架引導 4. 幼兒表徵探究結果 5. 記錄與檢視「主題概念網絡（活動）圖」	1. 幼兒進行各項探究活動 2. 教師以鷹架引導 3. 幼兒表徵探究結果
主題統整	1. 回顧、評量與統整 2. 規劃與準備學習成果 3. 分享學習成果	1. 回顧、評量與統整 2. 規劃與準備學習成果 3. 分享學習成果

　　在主題萌發期間有四件事必須處理──鎖定萌發中的主題、設計參考的活動、與幼兒共繪主題概念網絡（活動）圖並標示欲探究的問題、預備情境暨引起動機；其中與幼兒共繪主題概念網絡（活動）圖並標示欲探究的問題，比較特別，是預設課程所沒有的任務。這四項事宜之前三項與課程設計較為相關，而預備情境暨引起動機則與課程設計、教學互動均有關係。也就是萌發的主題探究課程的設計有四個層面必須考量，除鎖定主題、設計活動、與幼兒共繪網絡圖外，為使萌發課程能獲致最大的成功，還必須預備相關情境與引起動機。本節即針對主題萌發階段的這四個層面，加以論述。

一、鎖定萌發中的主題

如前所述，萌發的主題探究課程也有課程設計，但非一次到位，是有機生成的。教師在主題初萌期，首先要仔細觀察幼兒在生活中感興趣的人、事、時、地、物，視其發展為主題的「可能性」，而「暫時」加以鎖定；接著則私下設計參考的活動，然後與幼兒持續共構探究課程的內涵，是比較以幼兒為主、尊崇其興趣與需求的課程。相對於比較以教師為主的預設課程的設計——先選定主題方向並設計活動內涵，在預定與確立後據以實施的，二者在精神上相當不同。至於萌發課程的鎖定，大體上有兩個來源，一是扮演遊戲，一是生活焦點或興趣。以下為鎖定萌發中的主題之三項指導原則。

（一）以幼兒興趣逐漸「鎖定主題」

具探究特性的方案課程專家 Katz、Chard 和 Kogan（2014）提出方案主題選定的考量或建議，對實務工作者多所助益。這些考量有：(1)與孩子經驗相關；(2)可體驗藉觀察、重新建構與發現結果的可勝任活動；(3)可經歷運用語文、數學與探究技能的活動；(4)有可用的人力、物力與研究場址等相關資源；(5)老師也有興趣與基本知識；(6)配合學年時間如開學之初選擇每位孩子都有的經驗，像家庭、家等主題。此外，Helm 與Katz（2016）還提出：(1)具體化涉及孩子可直接互動、探究的豐富一手經驗；(2)與孩子先前經驗連結或相關；(3)有相關場所方便孩子參訪或再參訪；(4)具有在成人最少幫助下，孩子可探究的面向；(5)容許孩子運用符合年齡的技能，表徵已知與所學；(6)反映學業上的課程目標；(7)在文化上與孩子及其家庭相關，可鼓勵積極投入探索。

從以上建議可以看出主題的選擇首要與孩子的生活經驗相關，這經驗

當然是孩子的關注或興趣焦點，因為孩子的興趣是探究的驅動力；而且是孩子可運用探究行動並可勝任的；此外也要考量可用的人力、物力資源與可供實地探究的場域。綜合以上並根據筆者的現場經驗，萌發的主題探究課程的主題一開始是開放的（什麼都有可能）、朦朧的（無法確知的），是教師從幼兒生活與扮演遊戲中所顯現興趣的觀察中，逐漸聚焦鎖定的。其選擇也如同預設主題般，是要符合幼兒發展、學習需求與興趣的，尤其是鎖定幼兒生活中與人、事、時、地、物有關的興趣焦點。可以說一開始有如大漏斗般，任何事件都有可能，隨著時日進展，重複出現的興趣會愈來愈明顯，最後聚焦鎖定成為探究的主題。

　　這個鎖定萌發中主題的任務對新手教師而言，確實有很大的挑戰。不過，有潛能可發展或有可能鎖定為主題的，其主題本身一定是寬廣具多概念，可從任一面向探究，而且是幼兒可運用探究行動去發現、解決問題或回答疑惑的。鎖定萌發中主題的其他考量尚如相關人力資源豐富有利探究、有方便的場域或標的可供探究、老師具相關知能等；當然最重要的考量是，孩子顯現日益濃烈的興趣。有關教師相關知能方面，筆者以為其實不必太在意，因為這是一個探究取向的主題課程，教師在歷程中可與幼兒一同探究；而且幼兒的課程並非艱難深奧，教師表現出好奇想一探究竟、解惑或想解決問題的探究態度，正好可以做為幼兒的表率。以下為鎖定主題的主要考量要素。

① 幼兒顯現日益濃烈興趣

　　其實主題的靈感或可鎖定的主題並不難尋，幼兒是很率真的，其意圖與行為是非常外顯的，只要稍加留意幼兒生活中可讓其眼光發亮、表現熱衷雀躍行為、經常提問或對話的人、事、時、地、物，即可察覺其興趣焦點。舉例而言，因節日進行的「事」──兒童節前夕觀賞兒童劇團演出，或接觸的「地」點──兒童節全體幼兒參觀兒童博物館，回園後

若幼兒間不斷地對話劇情、向老師提問其相關疑惑、詢問何時再去觀賞或參觀、在角落與戶外一角扮演戲劇觀賞的情節或演出博物館參觀寫實，總總跡象顯現對戲劇與博物館十足的濃厚興趣，那麼「大家來演戲」、「驚奇的博物館」主題，就有「潛能」發展成為探究的主題課程。

② 主題概念寬廣可多元切入並探究

不過若要鎖定為探究的主題，主題本身要是寬廣具多概念的，可讓所有幼兒找到有興趣且合適的點投入探究。以「大家來演戲」主題為例，相關主題概念涉及劇本與劇情、舞臺布置、音響配樂、服裝道具、導演與演員、彩排與演出、宣傳與票務等，非常廣闊；且在準備戲劇演出過程中，幼兒可以運用探究能力去求知解惑，了解演戲各面向知能，並解決所遭遇各樣問題，最後以戲劇演出呈現。老師確認與評估「可能的」主題概念後，可在角落放置一些道具與布料，觀察幼兒的反應，若結果引發幼兒爭相扮演，或自製服飾如把布料當披風、圍裙或表意大風吹，那麼「大家來演戲」的主題就可大致鎖定。

③ 具有有利探索的相關資源

當然以上「大家來演戲」鎖定為主題，還要具有有利探究的豐富資源，如家長中有劇團成員且可入班參與課程、家長可提供許多回收材料以供扮演之需、有方便的場域可供探究，如社區附近就有劇場、劇團或劇院等。不過，最重要的考量還是幼兒顯現濃烈的興趣。

☼ 生活中萌發實例

幼兒在生活中的興趣焦點，是可鎖定並萌發為課程的。例如園裡遊戲場出現剛出生的小野貓，引起幼兒圍觀，愛貓的教師以奶瓶餵以牛奶，並將其送到獸醫處檢查、打針與結紮，以及送到寵物美

容店除蟲且清洗。孩子天天關心小貓怎麼樣了？要求老師將小貓帶到班上養，當教師帶入時，全班為之騷動……。這樣的活生生流浪貓「事」件正是最好的主題來源，一個探究「寵物」、「流浪動物」、「喵星人」的主題可以滿足好奇與具憐憫心的孩童需求，如小貓怎麼會流浪到園裡？什麼是結紮？為什麼要結紮？為什麼要打針？小貓喜歡吃什麼？如何才能讓小貓開心？其他流浪貓（狗）都去哪裡？幼兒可就此經驗與探究生命誕生與延續、寵物照護（食、住、樂、排泄物等）、寵物保健（預防針、除蟲、結紮等）、人與寵物關係（作伴、看門等）、流浪貓狗（撲殺、領養、責任等）等概念與議題。而且不少孩子家裡都養有寵物，可帶來園裡分享，社區附近也有寵物店、獸醫院，也有不少的流浪貓狗。方便主題的探究，大致上符合以上三項鎖定主題的考量。

☀ 生活中萌發實例

此外，園外不遠處的對街老房拆除後，不久就看到圍籬築起，就地挖了個大窟窿，孩子好奇地問為何挖那麼大的洞？從二樓處眺望或上下學路過時，常見工程車進進出出，之後就搭起鷹架與護網，孩子更是好奇發生了什麼事？天天談論工地的動態與變化，常常提問工地景象相關問題。這樣的一個有關「蓋房子」主題則是從「地」與「事」的面向選擇主題，隨著工地工程的進展，孩子可探究的事物則日益豐富，可以說探究的相關資源就在對街，有利課程萌生。而且建築工地涉及概念也很廣泛，如建築材料、建築設計、建築工程、工地安全、相關工作人員、鷹架護網等，可從不同面向探究，因此也可鎖定為主題。

☀ 生活中萌發實例

再舉課程實例說明主題的萌發。「環保小創客」主題萌發於老師分享《怕浪費的奶奶》的繪本故事，它涉及生態環境變化、地球環境破壞、環境保護、資源回收與資源再生等議題，概念相當廣泛與可多元切入，引發幼兒從家中帶入許多回收資源的舉動。在整理與分類後，發現寶特瓶數量最多，激發孩子創意思考寶特瓶可以製作什麼的興趣並著手創作。其後因國慶日欲製作手持的國旗，孩子想到可利用紙箱剪裁製作，又開啟了紙箱的創意運用。過程中還參觀了環保中心，滿足了孩子的好奇；並配合聖誕節慶，以紙箱漸層堆疊成聖誕樹。但無論是紙箱或是寶特瓶的創作，幼兒都是具有高度興趣的，且在創作過程中都遭遇無數的問題，經運用觀察、推論、預測、實驗、溝通等科學程序能力設法加以解決，最後終於完成回收資源的創作品（周淑惠，2017a；親仁幼兒園兔子跳跳班，2016）。

值得注意的是，幼兒在生活中的興趣焦點是每班不同的，「環保小創客」是全園大主題「小小創客」下的某班課程，全園大主題只是一個大方向指引，各班可按其幼兒興趣或生活焦點發展班本課程。而各班實際所萌發出來的主題課程可以說是天南地北，非常不同，有「玩色達人」、「木頭真神奇‧看我變魔術」、「環保小創客」、「做一本彩色泡泡的書」、「我會做玩具」等；而在「創意玩很大」全園大主題下，各班所萌發的主題課程也是差異極大，有「美術館」、「布布驚奇」、「風超人」、「一起坐火車」、「亮晶晶‧玩很大」、「小小消防員」等（周淑惠，2017b，2017c）。所以教師善於觀察幼兒在生活中的焦點或興趣並因

勢利導，對萌發課程是非常重要的。

　　其實，幼兒的扮演遊戲（俗稱扮家家酒，又稱假扮遊戲、角色扮演遊戲）最容易萌發為課程，因為孩子的日常經驗經常藉由扮演遊戲而表徵，角落扮演遊戲最容易觀察；而且幼兒不止於角落扮演，戶外一角也可能發現孩子就地扮演起來。教師只要多加關注，很多時候是可以逐漸鎖定萌發為主題探究課程的。例如假日後來園，孩子可能扮演假日與父母、親朋到郊外露營、坐高鐵旅遊、逛百貨商場、玩主題樂園等的情節；家中新添小嬰兒，幼兒可能於假扮遊戲中幫BABY洗澡、餵牛奶、換尿布等；流行性感冒季節，許多幼兒有看醫生經驗，也會很自然地於扮演中呈現看病或醫院劇情。

☀ 扮演中萌發實例

　　舉課程實例說明，「花路米綜合醫院」主題是源自於幾位幼兒常在娃娃家玩起醫生和病人角色扮演遊戲，也有幼兒的媽媽最近剛生小BABY，教室裡充滿懷孕、生BABY的話題。於是老師順著幼兒扮演興趣，與幼兒共同探究扮演中的問題並且因勢利導，如沒有健保卡怎麼辦？病床怎麼鋪？如何更健康不用上醫院？救護車裡外是什麼樣子？藥包要怎麼包？幼兒皆投入其中、創意解決，好讓扮演順利進行。過程中，教師也為幼兒充實相關經驗，如請護理師入班、參觀藥局與救護車等。最後全班將醫院命名為「花路米綜合醫院」，有骨科、牙科、婦產科，還有救護車等，實際扮演並邀請家長入班參與（親仁幼兒園哆啦A夢班，2013）。

☀️ 扮演中萌發實例

而「購物趣」主題也是源自於角落，孩子連續一段時間在角落玩買賣的扮演遊戲，但對買賣概念缺乏，遊戲行為表淺且自我中心。於是教師順著幼兒興趣並運用一些充實幼兒經驗的活動，如共讀買賣相關繪本、運用學習單請家長帶子女購物、到家樂福賣場參觀與實際購物等；此外也搭構合宜的鷹架，如攝影孩子的扮演遊戲情節，於團討時與全班幼兒共同探討扮演中的問題，並讓幼兒再度回到角落中繼續扮演。其後孩子在教室開了一間快樂雜貨店，接著進行母親節特賣會，買賣扮演之興緻持續高漲，期末時演變成開好幾家店的快樂商店街，並邀請一年級的哥哥姊姊前來購買。重要的是，在開店過程中，孩子們共同解決了許多問題，讓開店扮演遊戲順利進行，而且對商店購物概念日益清晰，也漸能與他人合作互動，將在下節教學互動處再詳為闡述（楊月香，2016）。

　　扮演遊戲可促進幼兒的發展，其功能諸如：創造近側發展區、發展自我規範力、強化學習動機、脫離自我中心、邁向抽象思考等（Bodrova & Leong, 1996; Vygotsky, 1978, 1991），然而扮演遊戲卻常被教師們忽略，再加上當代許多孩子缺乏高層次與專注的遊戲能力，因此本書特意將其獨列強化之。誠如全美幼兒教育協會指出，孩子的自發遊戲對發展很有價值，因此幼教現場提供持續的高品質遊戲機會，以及老師積極地支持孩子玩出高品質遊戲水平，是很重要的（Copple & Bredekamp, 2009）。

☀️ 結合生活與扮演而萌發實例

承上述，可能進行的主題來源可以是從生活中的焦點或興趣，

也可以是從幼兒扮演遊戲逐漸加以鎖定，甚至也可結合兩者。例如過完年後的下學期開學之初，老師觀察到孩子經常在戶外或教室角落扮演著點菜、炒菜、種菜、開餐廳的戲碼；而在一次元宵節看花燈歸園途中，經過賣菜苗的商店，孩子不斷地往菜苗方向看並且指說：「那邊有好多菜」、「可以買回去種嗎？」「這樣我們就可以真的種菜跟炒菜，還可以開餐廳喔！」於是全班造訪菜苗店並買回園栽種，開啟了幼兒親種蔬菜、烹煮享用與開餐廳的「你農我農一起『蔬』情萬種」主題（親仁幼兒園彩虹花朵班，2017）。此主題是源於炒菜、種菜、開餐廳的扮演遊戲，其後結合生活焦點與興趣——種菜、煮菜餚、吃菜而發展出來的課程。

☀ 結合生活與扮演而萌發實例

　　與上個課程正好相反，「彩虹商店」主題是先源於逛街坊商店以買水果做派吃的生活事件，其後發展出開商店買賣的扮演遊戲課程。其發展歷程是八月間幼兒們為了要製作美味的蘋果派與芒果派，遂外出尋逛附近街坊商店如頂好超市、水果店、7-11 便利商店等，先詢問與記錄各家商店水果的價錢（如 7 顆 100 元 VS. 5 顆 99 元），回教室後運用教具數算與比價，再以真錢體驗購物樂趣。其後幼兒對商店興趣濃厚，決定在教室開一間「彩虹商店」玩買賣遊戲，並從買賣扮演中發現許多問題，如沒標價、沒開收據、沒購物袋、沒有豎立「禁止」標籤、會找錯錢、沒購物籃與推車等，於是再次參訪、探究附近商店。整個歷程中發展出許多數學比價與商店買賣相關知識，如發票、商品陳列與標價、收銀機、刷卡機、信用卡、提款機等（親仁幼兒園可愛鯊魚班，2014）。

（二）以概念為先的「網絡圖規劃」以鎖定主題

前面論及萌發課程於主題萌發階段之第一項任務，即幼兒興趣日漸濃厚時，教師必先研究與評估其所涉相關概念，確認主題概念十分寬廣可多元切入，且幼兒可運用探究能力，以及擁有有利探究的相關資源，然後就可鎖定為主題。運用以概念為先的網絡圖規劃以確認主題概念的寬廣性，在鎖定主題時相當重要，因為通常在萌發的課程中，隨時有不確定因素，不知課程會走向何處，教師較缺乏安全感與信心；然而教師的信心影響課程之運作甚鉅，因此於察覺孩子生活中的焦點或興趣，先行研究此主題所涉概念乃為必要，它不僅可評估主題概念是否寬廣可多元切入？以及幼兒是否能運用探究力求知解惑與解決問題？而且可讓教師藉機思考與充實主題相關知識或概念脈絡，從而了解未來課程的可能走向；另外，也可進一步預思日後可做為充實幼兒經驗的活動或幼兒可資探究的活動。對教師而言，將較有信心面對逐漸演化生成的課程取向。

例如幼兒連續幾天在角落裡扮演生病看醫生的情節，老師加入針筒、白布後，幼兒扮演興緻愈高，此時就可研究與評估「生病與醫院」主題所涉及的概念，即主題的知識或概念結構；然後於下一項任務——設計參考的活動，才設計各領域活動及各型態活動（團體、分組與角落等）。不過這先行繪製的主題概念網絡活動圖，僅是教師自己參考，重點乃在於初萌期的第三項任務——與幼兒共繪網絡圖與標示欲探究問題。

總之，整個萌發課程的設計雖是有機生成，教師為能安心與增信心，則可運用網絡概念圖的繪製，做為主題鎖定的參照基礎並備課。即先行繪畫主題的知識結構，經評估後，再於其下設計可資參考的各領域相關活動，以充分探討該「主題」。為求周密，其繪製靈感除教師自行思考外，也可與同儕討論或腦力激盪、上網查詢或參考相關書籍、教材等。

（三）以彈性為要的「整體設計」

　　萌發課程最主要的精神是追隨著幼兒興趣，因此所有的網絡圖繪製與設計是暫定的、可能的、供參考用的，即讓教師自己能安心與增加信心的，它將隨著幼兒的興趣與情境而調整，保有彈性的心態是最重要的。例如圖 6-1-1.「魔法愛心運動中心」主題概念網絡圖之淺黃色底框部分，如「我自創的運動遊戲」、「找尋運動的場所」等，是老師預繪及與幼兒共繪網絡圖後，所新發展出來的概念與活動；此外虛線外框的部分則是原來共繪的網絡圖上有，但實際進行時並未觸及這些概念或活動。綜觀整個主題的前半段是著重於我喜歡的運動的探索，因此主題暫定為「我喜歡運動」；而到了後半段則轉為在教室成立具有各項自創遊戲的運動中心，以及外出尋找社區附近可運動之處，因此主題發展為「魔法愛心（班名）運動中心」。從圖 6-1-1.顯示，整個課程設計與發展是具有足夠的空間與彈性的。至於網絡圖既是暫定的，那為何還要設計呢？將於以下設計參考的活動中說明。

二、設計參考的活動

　　在教師研究與評估某一項幼兒有興趣主題之所涉相關概念，並鎖定為主題後，接著就是設計探究這些概念之活動，其活動的設計與前章預設的主題探究課程同，有三項原則可資參考——能運用探究能力、能發揮創意思考、針對目標並均衡領域；而且盡量設計解決問題、解答疑惑或探索未知類型的活動，好讓幼兒能運用探究能力；此外，每個活動最好以「問題」啟動探究動機，或是活動名稱以問題命名，在此不再贅述。

　　雖然主題初萌階段與課程設計有關的第二項任務是設計活動，但它只是具參考作用，供教師自身參考，以增加對主題掌握的信心，所以也可

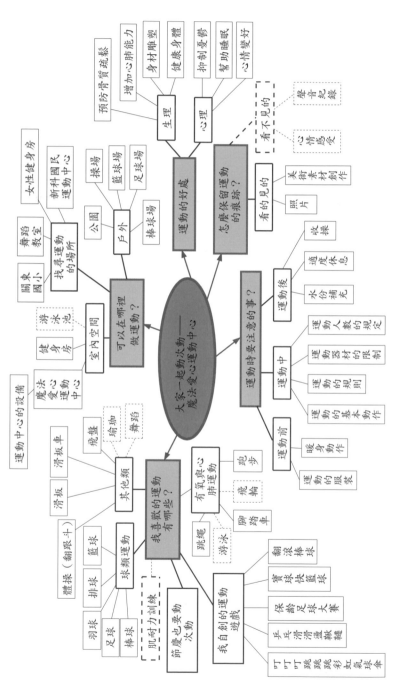

圖6-1-1. 「魔法愛心運動中心」主題概念網絡圖分析

資料來源：分析自詹雅淩（2017）

不必撰寫教案，真正重要的是第三項任務——與幼兒共繪主題概念網絡（活動）圖並標示欲探究的問題。至於教師繪製僅供自己參考用的主題概念網絡（活動）圖，除能信心地掌握主題的可能走向，尚有兩項作用。

（一）利於規劃可能的所需經驗

　　教師得知孩子興趣並研究該興趣主題所涉概念，在信心地掌握主題的可能走向下，可預先知悉孩子可能遭遇的瓶頸或需強化的經驗為何，利於著手規劃可豐富孩子經驗與可促進概念探究與發現的活動。例如「生病與醫院」主題中，教師預見孩子對醫院僅止於掛號、看兒科醫生的小診所經驗，對於醫院其他科別，如外科、婦產科、骨科、急診處等，沒有先備經驗或概念，於是設計一些活動諸如到社區大型診所或醫院參觀，請當骨科醫生或急診處護理師的家長入班教示或受訪，到鄰近的連鎖藥局參觀等，以充實幼兒的經驗，利於後續探索。值得注意的是，以上這些地方或人士並非隨時可以配合參訪或入班，在繪製概念網絡活動圖並與幼兒共繪及確認後，便可伺機開始著手聯絡與預備，及時回應課程之需。

（二）便於準備盡情探究的情境

　　在掌握孩子遊戲的可能走向與可能做為充實經驗的活動後，也方便教師規劃探究的場域與道具，如戶外空間、角落空間、教材、教具、回收資源、與主題相關的道具等，從而激發幼兒的遊戲或利於開展探究行動。有些資源是教室或幼兒園儲藏室裡既有的資源（如相關繪本、教具等），有些則需藉助於家長或社區贊助（如白布、大型紙箱、針筒、聽診器、醫藥宣傳海報等），甚或必須臨時申請購買，這些都必須及早規劃或協調聯繫，以及時準備幼兒遊戲或探究的舞臺，利其揭幕開展。不過建

議教師在繪製暫定的概念網絡活動圖後能盡速與幼兒討論，以更加確認幼兒興趣並達成共識，早日著手預備探究情境，將於下一點論述。

三、與幼兒共繪「主題概念網絡（活動）圖」並標示 欲探究的問題

在順應孩子生活焦點或興趣基礎上萌發的課程，與幼兒共同繪製主題概念網絡（活動）圖並且標示出想探究的問題，就顯得十分重要。由於老師已經自行繪製主題概念網絡活動圖，大約了解此一主題之走向、重要內涵與有利探究、理解的相關活動，在與幼兒共同討論與繪製時，就能在有所參照下，較為得心應手地確認孩子先備經驗、所需強化經驗與探究興趣，並較有信心地引導以共生課程。這共繪網絡圖是預設課程所沒有的設計步驟，在預設課程中因較以教師為主，頂多將教師設計好的課程於實施前向孩子說明；相對地，萌發課程較以幼兒為主，在意幼兒的興趣、焦點與先備經驗，所以以討論為基礎的共繪概念網絡（活動）圖，非常具有必要性。

在現實上，很多教師確實會與幼兒共同討論主題概念網絡圖，但如何探究或理解這些概念的「活動」，是與概念息息相關的，所以建議教師在引發幼兒說出想要探究的問題時，並提問要做什麼事才能研究出這些事情？使概念網絡圖成為較為完整的「概念網絡活動圖」。雖然幼兒可能對於探究這些概念的活動或方法較為陌生，教師可稍加引導與鋪陳，盡量列出幾項重要的活動。不過，對於師生共同繪製的概念網絡（活動）圖（註：因現實上多數教師僅與幼兒討論概念網絡圖中的概念，故於活動加上括號）要留有彈性發展空間，讓探究課程在歷程中得以真正萌發延展。

以「房子」主題為例，在師生共繪時，教師可以詢問幼兒：「提到房

子，你們想到什麼？」、「你們知道有關房子的什麼事情？」、「你們想研究什麼？」這樣就可知道孩子的舊經驗、迷思概念與研究興趣；然後，將幼兒提到的內容依概念類別依次繪記於白板上，並也加上老師鋪陳且經師生共同確認的重要概念。由於老師自己已經繪製主題概念網絡活動圖，對於有利整個主題知識結構之探究或促其理解的活動，瞭如指掌，因此當幼兒說出舊經驗、研究興趣時，就能立即分類並繪記於適當概念處。接著可以指著白板某項寫下的概念詢問：「那我們要做什麼事才能研究出這些事情？」、「進行什麼活動才能了解這些事情？」並將幼兒的活動想法或探究方法記下；如果幼兒對於如何探究、理解概念的某些活動較為陌生，教師可參照預先自繪的網絡活動圖予以鋪陳，在共同確認後加以記錄成概念網絡活動圖。

至於與孩子共同討論與繪製概念網絡活動圖有如下三項作用：

（一）了解舊經驗、迷思與興趣以確立探究焦點並利後續引導與共構

其實以上教師自行繪製網絡活動圖的三項作用——掌握主題可能走向、利於規劃可能所需經驗、便於準備盡情探究情境，在與幼兒協商討論並調整繪製時，更加凸顯這些功能，因為教師可以藉機了解孩子的先備經驗、亟待充實經驗或迷思，有利於後續引導、掌握遊戲或探究發展方向。不過最重要的是，教師可清楚洞悉孩子的興趣點與想探究的問題，思考確實可以引發幼兒關注與投入的經驗或活動，並知後續如何引導與共構。建議教師能將孩子的興趣或關注點架構成「問題」，以啟動探究行動，它可以是在個別活動中的引起動機部分，也可以是以問題直接命名活動；甚至在網絡活動圖上標示出來，或是另以海報書寫幼兒欲探究的問題，並張貼於教室明顯處。

以上面所提及的「購物趣」主題為例，圖6-1-2.之白色底框概念是老

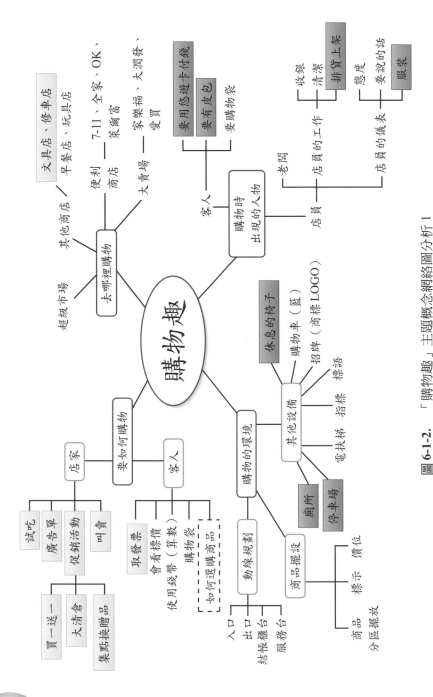

圖 6-1-2. 「購物趣」主題概念網絡圖分析 1

資料來源：分析自楊月香（2017）

師有預思且幼兒在討論時亦提出的概念；淺紅色底框者為教師沒有預思到，反而是幼兒提出的，如「廁所」「停車場」、「要用悠遊卡付錢」、「要有皮包」、「服裝」等，這些都很具體，是幼兒深刻體會的經驗，讓教師對幼兒多一層的了解。再以圖6-1-3.「我喜歡運動」主題（最後演變為「魔法愛心運動中心」主題）為例，淺黃色框如「有氧與心肺運動」次概念中的「腳踏車」，「其他類」運動次概念中的「滑板車」、「飛盤」等，「可以在哪裡做運動？」概念下的戶外「足球場」、「棒球場」，也都是教師沒有預思到，反而是幼兒提出的概念，讓教師充分了解幼兒的舊經驗。

（二）鋪陳重要概念以豐富幼兒視野

　　老師在與幼兒討論概念網絡（活動）圖時，因有自行繪製的網絡圖為之參考，已事先涉獵或知悉某些對幼兒非常重要的知能或概念，以及預先思考過充實幼兒經驗的重要活動，當幼兒於對談過程中，因生活經驗與知能有限始終未提及該概念或活動，或一時之間未能想到，教師就可拋出話語，並加鋪陳引導，試圖引起幼兒的注意或共鳴，如「生病與醫院」主題中的腸病毒、感冒、車禍等的「疾病防治」重要概念，可能是幼兒較少想到的，此舉等於也豐富拓展了幼兒的視野。如是在師生協商、討論與共同繪製主題概念網絡（活動）圖下，課程得以共生。再以「購物趣」主題為例，圖6-1-2.之淺綠色底框中的概念如「試吃」、「廣告單」、「促銷活動」、「文具店、修車店」、「取發票」等，是與幼兒討論時，經過老師引導才提出的概念，有可能是幼兒一時之間沒有想到或是較不熟悉的經驗。

（三）體現民主氛圍以激發探究興趣

　　與幼兒協商、討論並繪製主題概念網絡（活動）圖，乃充分顯現民主

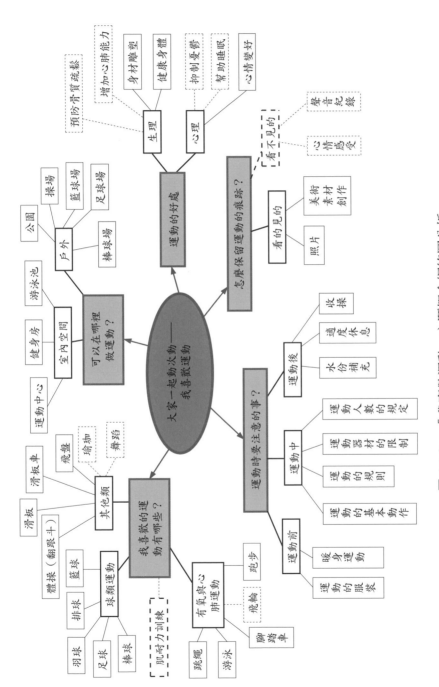

圖6-1-3. 「我喜歡運動」主題概念網絡圖分析

資料來源：分析自詹雅淩（2017）

共構氛圍，幼兒的探究、遊戲興趣，與老師的重要關注點均能在教室中呈現。孩子在民主尊重氛圍下，不但可擴展探究範圍、汲取社會文化的重要資訊，而且也自豪能成為學習社群中的重要貢獻者。尤其當孩子看到自己的想法能被老師當場記載在網絡圖上，而且在其後又被張貼在教室團討區顯著處時，更能感受這是他想探究的課程，更加激發其探究興趣。

四、預備情境暨引起動機

　　與幼兒共繪主題概念網絡（活動）圖並標示想探究的問題後，大體上就可投入探究行動。然而在整個主題進行前的預備情境也是非常的重要，它是讓整個萌發的主題探究課程開始預熱引擎，讓幼兒進入主題探究的氛圍。預備情境包含探究環境的布置與探究相關事宜的聯繫與安排，它與課程設計有關，也與教學互動相關；此外，開啟能夠引起幼兒對整個主題的探究動機的活動，也是必須的。若做好這三件事，必能為幼兒投入整個主題的探究行動做好充分的準備，引發十足的探究動機與行動。因在預設的主題探究課程部分已有詳細的探討，此處不再贅述。

第二節　萌發課程的教學互動

　　上節旨在探討萌發的主題探究課程的設計，大體上焦點於主題探究課程第一個階段中的四項主要任務。本節則著重於萌發課程實施中的教學互動，包含主題三階段：具體運作、具體教學互動與鷹架引導實例，茲論述如下。

一、具體運作

　　鎖定了萌發中的主題，設計參考的活動，並與幼兒共繪「主題概念網絡（活動）圖」，也預備情境與引起動機後，大體上進入主題探究課程的第二階段——主題發展階段。在主題開展階段之初的第一件事是張貼「主題概念網絡（活動）圖」（在預設的主題探究課程中並不強求老師張貼，只是期望教師能藉此逐漸縮短與萌發課程、共構課程的距離），這圖是老師根據主題萌發階段師生討論時白板上的紀錄，抄錄於大張海報上；教師在出示海報時，可再帶著幼兒重溫所欲探究的概念或問題，然後鼓勵幼兒在網絡圖文字旁，畫上大家可以理解的圖示，並張貼在幼兒教室明顯處（如團討區）。這探究網絡圖海報形同一種「情境鷹架」，也具民主與成長意涵的「氛圍鷹架」作用，讓孩子清楚意識到教室裡大家正在探索著的是什麼主題，共同投入此一氛圍中，發揮聚焦探究內涵的作用；其實它也是一種「架構鷹架」，架構了幼兒探究的大致走向。不過，此概念網絡活動圖應定位為藍圖，容許日後彈性變動與發展空間。

　　張貼「主題概念網絡（活動）圖」後的整個主題開展階段，幼兒可依據網絡圖上想探究的問題進行各項探究活動或分組探究，而其具體實施即是第四章運作原則中的「探究、鷹架、表徵」交疊的循環歷程。也就是孩子投入於「探究」行動中或後，教師則在旁「搭構鷹架引導」，孩子

可能以各種方式「表徵」、解釋或者是分享其探究結果、發現或理解；甚或孩子在「表徵」中或後，教師也會「搭構鷹架」；而「探究、鷹架、表徵」的核心是老師的評量，如是循環不已。

重要的是，在「探究、鷹架、表徵」循環歷程間，要記錄與檢視「主題概念網絡（活動）圖」，也就是忠實地記錄探索與實作的軌跡，尤其是在未完全依照師生共同討論的「主題概念網絡（活動）圖」實施的狀況下，更應據實記錄。因此歷程中，應隨時文圖並茂地記錄實際進行的探究內涵，標示已回答或探究的部分，留下探究所發現的資料。建議從中心概念處用線條拉出於網絡圖外圍並以另紙記錄，或貼上作品、照片，以免讓網絡圖雜亂難識；另外對於新萌發的探究問題與發現也能以不同顏色標示，有需要時，甚至重新繪製整理。這文圖並茂的大型網絡概念（活動）圖張貼在教室中，除可做為「情境鷹架」、「氛圍鷹架」與「架構鷹架」外，而且也是一種「回溯鷹架」，讓幼兒隨時浸泡在該主題的氛圍中，有利探究課程之發展。

記錄與檢視主題概念網絡圖，很是重要，筆者以現成網絡圖分析其必要性。如前圖6-1-1.為「魔法愛心運動中心」主題概念網絡圖的分析，此主題是「我喜歡運動」主題逐漸萌發轉化的，期間在與幼兒討論過後的主題網絡，到學期結束前變化許多。有些是新發展出來的（淺黃色底框），如在「我喜歡的運動有哪些？」概念下，增加了「我自創的運動遊戲」次概念相關活動，如「保齡足球大賽」、「翻滾棒球」、「乒乓滑滑盪鞦韆」等，以及「可以在哪裡做運動？」概念下，增加了「找尋運動的場所」次概念相關活動等。而虛線外框的部分是原與幼兒討論的主題網絡中有的概念，但在實際上卻沒有進行，如「有氧與心肺運動」次概念下的「飛輪」與「游泳」，「其他類」運動次概念下的「瑜珈」與「舞蹈」等。可以說「我喜歡運動」主題發展歷程中，由原有的探索我喜歡的運動，到了中後期轉為孩子自創發明各種運動遊戲，在教室成立運動

中心，以及外出社區尋找各種可運動的場所，整體面貌變化許多。所以忠實記錄原有網絡圖很有必要，讓教師與孩子可隨時檢視主題走向與了解主題發展的可能性，做全盤規劃與安排。

　　而圖6-2-1.「購物趣」主題概念網絡圖分析 2 中顯示，新發展的概念只有「試玩區」，倒是有一些在與幼兒討論時的概念或相關活動，在後期並未實施，如「去哪裡購物」概念下的次概念「超級市場」、「便利商店」，與「其他商店」次概念下的「文具店」、「修車店」、「早餐店」等，還有「其他設備」次概念下的「購物車（籃）」、「標語」等，以及「要如何購物」概念下的次概念「店家」下的「試吃」活動等。雖然並未增加許多新概念與相關活動，但是很多共同討論時的想法多未實現，這也可給予師生機會檢視時間多寡與完成各概念相關活動的可能性。

　　最後進入第三階段──主題統整階段，旨在回顧、評量與統整前兩階段，並規劃與準備學習成果，最後向家長分享學習成果。此階段亦是持續著「探究、鷹架、表徵」交疊的循環歷程，於是在主題探究課程三個階段的各個活動接續進展下，擴展了孩子的知能。如圖6-2-2.所示，三階段雖各有重點任務，但都是按「探究、鷹架、表徵」交疊的循環歷程運作的。

　　第一個階段──主題萌發階段雖著重於跟隨幼兒興趣與鎖定探究主題，其運作也是「探究、鷹架、表徵」的循環歷程。當幼兒在生活中探索或遊戲著，經老師鎖定為主題並與其討論概念網絡圖時，或在團討中，孩子也在持續「探索」著這些主題概念，因這言談對話有如「鷹架」作用促其思考或統整，並且透過肢體語言「表徵」其對主題相關概念的理解、舊經驗與所欲探究的興趣；同此之時，老師也在「評量」孩子的起點行為，這就是以評量為核心的「探究、鷹架、表徵」歷程。而其後教師預備情境，開啟引發幼兒對此主題探究動機的活動，孩子在這初步「探究」與「表徵」的活動時，教師則夥同在旁「搭構鷹架」與對

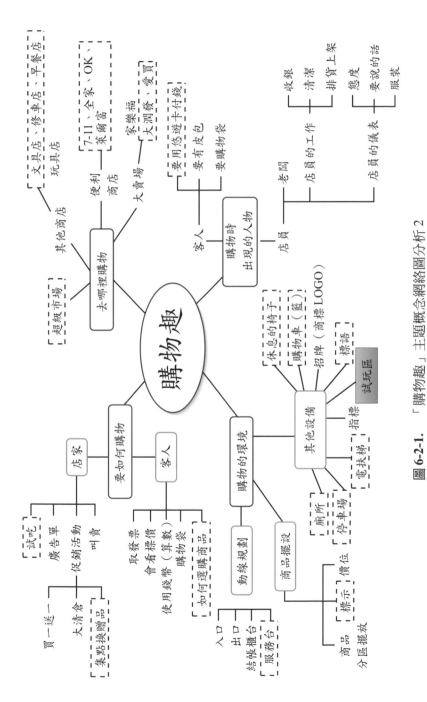

圖 6-2-1.　「購物趣」主題概念網絡圖分析 2

資料來源：分析自楊月香（2017）

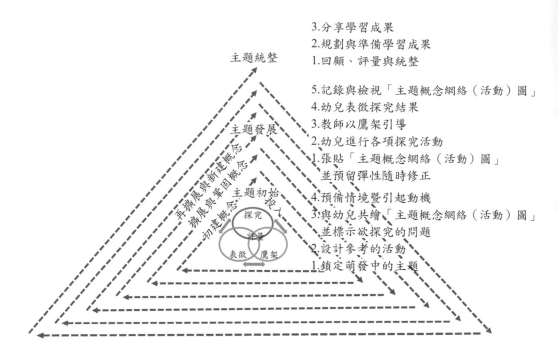

圖6-2-2. 萌發的主題探究課程之三階段具體運作

話，不僅激發孩子的探究動機，也更進一步地了解孩子的舊知能與探究興趣。

　　茲以上節所提「你農我農一起『蔬』情萬種」主題，說明萌發課程運作的特徵——以評量為核心的「探究、鷹架、表徵」交疊的循環歷程。

　　　　☀「你農我農一起『蔬』情萬種」課程實例

　　期初為了看元宵花燈，幼兒路過菜苗店買了Ａ菜菜苗回園後，教師在團討中特意以「為什麼你們要買Ａ菜？」的提問（語文鷹架、回溯鷹架）讓幼兒回思初衷——「因為我們想種菜」、「因為想吃

菜」、「試試看當農夫」、「想要開店」、「因為在戶外遊戲區我們想開店，賣自己煮的菜」。教師以開放性問題接著問：「那些買回來的 A 菜怎麼辦呢？」幼兒回答：「拿去六樓種」、「教室種」、「跟蘿蔔種一起（意指一樓門口花圃）」、「戶外遊戲區種菜」、「種在樹砍掉的地方（意指枯死鋸掉的大盆栽花盆）」，以及又問「怎麼種呢？」、「你們要種在哪兒？」、「要種菜，我們該準備什麼東西？」、「東西都有了嗎？」、「那可以種了嗎？」引發幼兒思考如何探究及後續一連串的種植活動。其實孩子也在師生對話中「探索」主題相關概念與其如何探究？而在如同「鷹架」作用的對談中，幼兒的「回答表意」（表徵）讓教師得以「評量」孩子對主題相關概念——種植的理解，例如孩子知道種的地方會影響種植的結果，以及知道可以運用實驗以探知結果，如下引述。因此主題探究課程初始階段的實施也是「探究、鷹架、表徵」交疊的循環歷程。

老師：那你們要種在哪？

數幼：每個地方都要種一些。

老師：為什麼每個地方都要種？

A 幼：我們要實驗。

B 幼：這樣才知道哪裡比較好種。

老師：為什麼要知道哪裡比較好種？

C 幼：這樣以後我們才知道要去哪裡種菜。

（親仁幼兒園彩虹花朵班，2017）

　　在進入主題探究課程的第二個階段發展期時，也是無數個以評量為核心的「探究、鷹架、表徵」交疊的循環歷程。當教師出示曾討論過的「主題概念網絡（活動）圖」時，幼兒在重溫後，則於網絡圖上加繪小

圖「表徵」其理解，其實此時教師也在「評量」，隨後並張貼於明顯處。當一個個探究的活動上場時，幼兒在活動過程中必須運用「探究」能力，並將探究結果適當「表徵」，而教師則隨伺在旁「搭架引導」及「評量」，可以說十足地經歷「探究、鷹架、表徵」的循環歷程。

☀ 「你農我農一起『蔬』情萬種」課程實例－續

　　例如幼兒分別在四個地方、以自己的方法種下Ａ菜後，除照顧澆水外，每日並「觀察」、「測量」、「記錄」成長狀況。過程中幼兒對Ａ菜生長產生一些疑惑，教師在團討中「引導」幼兒回溯這些疑惑並「推論」其原因，例如為什麼有人的菜沒有長大呢？為什麼菜長新葉子？為什麼上面要放蛋殼？為什麼盒子底下要刺洞洞？為什麼土是咖啡色？從孩子的推論回答中「表徵」了其認知狀態；教師其實也在「評量」並「引導」幼兒將疑惑與其推論統整成表，也因此引發後續的 18 種比對實驗，以更加確認推論的答案是否正確。其後幼兒提出將一樣的放一起，師生共同「分類」成七大變項，如太陽、空氣、肥料、土、水等諸項對照實驗，並著手進行「實驗」（圖6-2-3.），例如：有太陽 VS. 沒太陽、有空氣 VS. 沒空氣、有肥料 VS. 沒肥料（圖6-2-4.）、有澆水 VS. 沒澆水（圖6-2-5.、圖6-2-6.）、培養土 VS. 沒培養土、容器有洞 VS. 容器無洞等。而在歷經一段時間的「觀察」與「記錄」後，在教師「引導」討論下，遂對實驗結果「下結論」。值得一提的是，種植期間，幼兒意外獲得園方蘿蔔葉上的毛蟲，經歷飼養、「觀察」並「記錄」破繭而出蝴蝶的過程，最後則加以放生。

　　此期間教師也分享繪本《和爺爺一起種菜》、《小布種豆子》，提供鷹架（材料鷹架）充實孩子的種植經驗，幼兒從書中確認種的

圖**6-2-3.**　孩子移植菜苗著手實驗

圖**6-2-4.**　種植實驗：有肥料VS.沒肥料

圖**6-2-5.**　種植實驗：有澆水VS.沒澆水
　　　　　（實驗之初）

圖**6-2-6.**　種植實驗：有澆水VS.沒澆水
　　　　　（實驗結果）

菜可以吃；而A菜種下去要多久才能收割？幼兒從圖書角圖書中「尋找資料」，發現是30天（圖6-2-7.），於是運用數學在月曆上算出收割日期（圖6-2-8.），滿心期待早日到來。在種了 A 菜、豆芽等並「實驗」（比較有蓋布與沒蓋布生長狀況）（圖6-2-9.、圖6-2-10.）與「下結論」後，也去有機農場參觀並「訪問」老闆（圖6-2-11.）；而教師從參訪前幼兒的提問準備（表徵）中，了解孩子的理解與疑惑（評量），例如：「為什麼你們種的菜這麼大，要怎麼細心照顧

圖 6-2-7. 孩子移植菜苗著手實驗　　圖 6-2-8. 幼兒尋找蔬菜成長天數資料

圖 6-2-9. 豆芽生長實驗：盆上蓋布　　圖 6-2-10. 豆芽生長實驗：盆上未蓋布

圖 **6-2-11.** 幼兒訪談農場老闆

圖 **6-2-12.** 幼兒在農場拔紅蘿蔔

菜？」、「你們用什麼土來種？」、「請問什麼時候用肥料？」、「蔬菜要怎麼採收？」、「什麼是有機呢？」、「要怎麼撐架子？」等。值得一提的是，在農場時孩子拔紅蘿蔔（圖 6-2-12.），及試種蔬菜，並於成熟時再度回到農場採收。

其後，幼兒又出外採購，並在幼兒園頂樓建置了一個班級蔬菜王國，大家認養與照顧，共種植了四季豆、彩椒、萵苣、空心菜等多樣蔬菜（圖 6-2-13.、圖 6-2-14.），以滿足孩子的探索與試吃慾望。種植活動與從農場帶回的蔬菜，成了自製蔬菜麵、蔬菜濃湯、蔬菜潤餅、蔬菜饅頭、炸蔬菜餅、蔬菜水餃等（圖 6-2-15.、圖 6-2-16.），是孩子們的歡喜期待。就這樣自己種植、採收、試吃，經過三次採買菜苗、持續觀察與實驗、頂樓蔬菜王國種植與照顧以及兩度農場的體驗與探索，幼兒對種植所需條件——陽光、空氣、水、肥料等以及蔬菜與料理間關係，愈來愈清晰與加深加廣，而這整個第二階段也是一個以評量為核心的「探究、鷹架、表徵」交疊的循環歷程。

圖 **6-2-13.** 幼兒於頂樓種植蔬菜王國　圖 **6-2-14.** 幼兒於頂樓種植蔬菜王國

圖 **6-2-15.** 自製蔬菜飲食　　　　圖 **6-2-16.** 自製蔬菜飲食

> ☀ 「你農我農一起『蔬』情萬種」課程實例－續
>
> 　　到了最後主題尾聲階段，幼兒提出開餐廳活動以實現初衷，大家為這投票命名的「美味餐廳」製作菜單、招牌、工作名牌，並創意製作廚師高帽。接著老師帶著幼兒回思（回溯鷹架）整學期所探究的主題內涵，好讓幼兒重溫記憶並討論想呈現給父母的主題成果展項目（含括美味餐廳）。幼兒「探究」期末成果展要如何準備與呈現的當時，即「表徵」了他們的想法，教師則一面「評量」整個主題目標是否達成且隨時「鷹架協助」，以利順利展出。最後幼兒運用主題歷程中探究所得的知識，進行規劃與呈現，並運用多元方式「表徵」期末成果展——「蔬菜的生活秘密」的活動項目，如多元記錄方式、蔬菜種植歌曲改編、菜蟲變蝴蝶、種蔬菜的問題、種菜的實驗與結果、訪問農夫的問題、美味餐廳等。可以說這最後的主題統整階段也是一個以評量為核心的「探究、鷹架、表徵」交疊的循環歷程，顯現了萌發課程的具體運作。而歷經整個主題的探究歷程，幼兒的主題相關知能日益加深加廣暨統整，例如植物生長的具體條件以及蔬菜與料理間的關係。

二、具體教學互動

　　萌發的主題探究課程有兩大類，一類是從生活焦點萌發的，是指教師順應孩子平日生活中的關注或興趣，以此為探究的主題，並在教學過程中提供引導，最後生成主題探究課程。另一類是從扮演遊戲中萌發的，是指教師順應孩子平日在角落或戶外的扮演遊戲興趣，以此為探究的主題，並在教學過程中提供引導，最後生成主題探究課程。而此二類也可結合，如源於扮演、終於生活課程，或源於生活焦點、終於扮演遊戲。

至於此兩種類型課程之教學互動最佳狀態，均為師生諧融共生課程的「共構」境界，建議教師立意脫離主導、掌控，由較多引導的指導開始，再過渡到適量引導的師生平權共構狀態。

具體而言，萌發課程的師生教學互動，尤其在教學引導方面，大體上可以分為兩類——教師指導、師生共構，其實在這兩者之間可能存在許多不同的類型，端視教師引導的多寡程度，引導過多就成教師主導了。雖然吾人在教學互動上，主張師生共構的境界，但是在初次實施探究取向主題課程時，教師的指導可能還是必須的，一則幼兒的探究能力——觀察、推論、記錄、預測、溝通等需要強化與練習，並需養成主動探究的習慣，再則教師也需時日開放自己以發展諧融共構的技巧。當然本書不主張教師專制掌控、毫無彈性的主導式教學互動，教師可稍微放手從較多的引導即指導開始，逐漸開放增加孩子的自主權，最後臻抵師生平權共構、課程諧融共生的境界。

《孩子的一百種語言：義大利瑞吉歐方案教學報告書》作者之一的Edwards（2012）指出，瑞吉歐探究性教學特別困難處之一是：決定何時與如何介入（其他兩項為產生足以挑戰與滿意的問題、指認認知失衡重啟探究行動），弔詭的是，我們希望孩子能自行解決問題，盡量不提供答案，但是有時等待也會錯失珍貴的可教時機，因此，老師必須分析孩子當下思考並快速決定是否與以何種方式介入。無論如何，適當的介入於孩子的探究或遊戲中，是必要的，尤其是基於社會文化論強調社群共構的主題探究教學。吾人不否認師生間的教學互動幾乎有如藝術，其運用存乎一心，特別的重要，但也難以如菜單式地列出互動或教學步驟。在此舉萌發於角落扮演遊戲的「購物趣」主題，說明教師如何搭架介入、師生如何諧融共構此一主題課程（楊月香，2016）。

「購物趣」主題課程的實施其實是一個行動研究的碩士論文，楊老師是筆者的指導研究生，充滿教學熱情，在寫論文前與我討論時提到常見

孩子的扮演遊戲，卻不知如何引導或共構，對於由孩子的扮演遊戲萌發為課程的境界，十分嚮往，也對於筆者於 2013 年所撰《遊戲VS.課程：幼兒遊戲定位與實施》一書中之共構模式躍躍欲試，遂以此為論文，進行行動研究《幼兒園扮演遊戲萌生課程之行動研究》（楊月香，2016），其論文充分反映筆者所提出的教師於幼兒遊戲中的角色與鷹架，內涵如下。

☼「購物趣」課程實例

　　開學之初，孩子連續兩個星期在角落玩買賣的扮演遊戲，熱度有增無減，老師們遂決定將原本十月份才要進行的「購物趣」主題，提前為第一個主題。根據教師的觀察，初始的買賣扮演對話僅止於「老闆，我要買 XX」，整個遊戲行為較為表淺，且雖然有貨品，但是貨品擺放成堆；甚至以積木等圈圍老闆自己與貨品，顧客無法入內選購；也沒有標價，只是報價如「給你！20 元」，而扮演客人的沒有付費結帳就轉頭離開，老闆也不追究等。整體而言，雖有買賣經驗，但對買賣概念不足，也沒有較複雜的扮演情節出現；甚至常有搶當老闆、推倒圈圍積木的糾紛出現；或顯現自我中心、沒有互動的遊戲扮演現象，如獨自一人開店、沒有顧客上門。

　　職是之故，孩子在扮演遊戲與探索的同時，老師除了擔任觀察研究者外，也扮演仲介管理者的角色，並於遊戲探索後適時「搭構鷹架」以充實孩子的經驗。首先老師運用影像記錄、回溯與檢視的策略，將角落遊戲中所攝影像於團討中播放，運用「回溯鷹架」、「同儕鷹架」彼此激發；其次和幼兒共讀《珍妮弗自己上街買東西》繪本並討論書中出現的購物相關概念（語文鷹架），有些幼兒在閱後的圖畫「表徵」中，顯示了收銀機結帳處與分類陳列的物品（評量）。接著以親子購物學習單，讓家長帶著幼兒到住家附近購

物並觀察；其後則以小組設計商店的合作繪畫（表徵），讓同儕間相互刺激（同儕鷹架）。結果發現有些組別繪畫中出現招牌、分區與動線規劃等（評量）；而在角落開店扮演中（表徵）的扮演行為似乎有些提升，但仍不明顯與普遍（評量）。這主題萌發初期，無論是在幼兒遊戲探索中或教師充實經驗中，均充分顯示是一個「探究、鷹架、表徵」交疊的循環歷程，當然也顯示是一個諧融共生的課程。

☼「購物趣」課程實例－續

「購物趣」主題課程可以說是在幼兒自發的買賣扮演遊戲與教師充實經驗、搭構鷹架間，交替循環逐漸開展的。進入主題發展期，教師持續運用影像記錄、回溯與檢視策略，於幼兒在角落扮演時攝影並於團討中共同回溯與檢討（回溯鷹架、同儕鷹架）。接著為帶給幼兒新的經驗，進行家樂福賣場的參訪與實際購物活動，請家長為孩子準備 50 元，讓孩子能真正選購與結帳；參訪購物後並「團討分享」與以繪畫「表徵」參訪經驗，有幼兒在畫中呈現排隊結帳、發票、貨品分類陳列（評量）等。而在參訪完的扮演遊戲中，教師發現幼兒以積木做出商品展示架，並做出結帳處的指示標誌（評量），顯現參觀經驗的確發揮效果。

接著孩子決議要賣自己做的商品如摺紙青蛙、魔法棒、長劍、玩具，可買並帶回家，讓買賣遊戲更為真實，老師順勢提問：「教室開一間商店好嗎？」引發熱烈反應並取名為「快樂雜貨店」。教師續問「如果在教室裡開商店，我們要準備什麼？」（語文鷹架）幼兒總共提出 13 項工作——商品架、錢、商品要標價、招牌、廣告

單、購物袋、結帳櫃臺、發票、會員卡、感應器、員工與客人、員工制服（幼兒表徵與教師評量），並於分工製作後，實際扮演。

而在製作開店所需物品或扮演的過程中，遇到許多問題，共有九項，都是將問題帶入團體討論時間並全班投票表決，例如原本標價有 15、17、18，許多中班幼兒不會看標價付錢，導致結帳處塞車，或只是閒逛根本不購買。老師建議將商品價格降至 20 以下，有幼兒則提議用 5 的倍數比較好數算；但老師還是擔心中班幼兒無法正確付錢，也有幼兒擔心中班幼兒對這麼多 5 的數字一定會忘記。在大家一起實際測試中班幼兒後，最後決議只用 10 的倍數——10、20、30、40、50 的標價，而且所有商品的價格不超過 50 元。

其他問題諸如扮演時老闆要當場開發票和寫價錢，導致結帳時排隊很久，老師拋問後，幼兒想出「再多找一人來幫忙寫」、「找動作比較快的當老闆」、「把所有的錢數 10、20、30、40、40 都寫在發票上，老闆在客人結帳時，只要圈選就好。」（表徵）等辦法，經表決以事先寫好數字並當場圈選的方式製作發票。再如原本的員工識別證是用膠帶捲綁線掛在脖子上，但在遊戲中不是很明顯，在老師提問後，幼兒則提出用帽子、頭套來取代的想法並做出。其他尚如沒有人力製作購物袋，就以巧拼拼裝當購物籃使用；又購物所需的錢因數量多，幼兒則提出用玩具錢幣取代等，均是幼兒於扮演過程中運用巧思解決問題並「表徵」的例子。

值得一提的共構實例是，母親節快到，孩子的買賣興趣仍很高，教師不忍打斷，遂出示便利商店的母親節產品廣告 DM，以為「鷹架」，並建議幼兒在快樂雜貨店裡舉辦母親節特賣會，幼兒很高興地接受，因為每個孩子都希望買禮物送給媽媽。經討論最後達成製作戒指、手環、項鍊、卡片當銷售禮物的決議，於是開始製作販賣的禮物商品。在特賣會開賣那天，每個孩子都用 50 元買了好多

圖 6-2-17.　幼兒用積木拼組成購物籃　圖 6-2-18.　幼兒合作把積木拼成分層展
　　　　　　　　　　　　　　　　　　　　　　　示架

圖 6-2-19.　幼兒向顧客叫賣與介紹　圖 6-2-20.　幼兒扮演遊戲中有結帳與出
　　　　　　　　　　　　　　　　　　　　　　　口標示

商品回家送給媽媽。總之，整個主題中期扮演中，教師發現幼兒較
脫離自我中心、能與他人互動，且對買賣概念日趨周全，有很大的
進步（評量）。例如會用巧拼積木拼組成購物籃來裝所購之物（圖
6-2-17.），會合作設法法把積木拼成分層展示架（圖6-2-18.），會叫
賣（向老師借麥克風）與向顧客介紹商品（圖6-2-19.），商店有結帳
處與出口標示等（圖6-2-20.）。

☀ 「購物趣」課程實例－續

母親節過後，老師和幼兒商量是要換主題，還是繼續玩開商店，孩子竟然想再多開幾間商店，老師順應幼兒，從網路上取得商店街照片給幼兒參看（搭建鷹架），遂共同決定擴大營業，由快樂雜貨店變成「快樂商店街」。這快樂商店街活動可以說是一個大統整活動，將之前探究所得的知能均運用於此。首先幼兒把想開的六種店畫於海報上，最後投票選定兩家娃娃店、飾品店與玩具店，每組六至八人自由分組，於是各組開始命名、做招牌、商品，每組都希望自己的店能吸引一年級的哥哥姐姐前來購買。這期間幼兒也解決許多的問題，例如園遊券只要做成一大張，然後用影印方式再剪開；廣告單製作則是請老師將商品拍照、列印與剪貼後，黏於廣告單上加以美工後印出；怕貼到玻璃窗或牆壁的招牌看不到，決定從天花板垂掛下來；原教室的商品架是用積木搭起來，似乎太矮，因此將桌子搬出置於走廊並用積木做的架子放在桌上等，這也是幼兒運用巧思解決問題與「表徵」的例子。

期間，老師商請服飾店老闆娘入班介紹老闆的角色與工作，老闆娘介紹後，幼兒也提出有趣的問題，如「你是怎麼讓客人買你的東西？」、「你的商品都是怎麼來的？」、「沒有客人的時候，你都在做什麼？」（表徵），當然老師也在「評量」幼兒與老闆的對談。在開幕當天早上，各家店忙著搬桌子與用積木拼組陳列架，員工們會彼此商量；有幼兒臨時想到沒有箭頭指標，遂匆匆做出指標貼於地板上；又有幼兒建議要有「試玩區」，全體幼兒贊同，臨時要了紙板做出試玩區的指示牌。孩子很忙碌與熱切地投入商店街情境中。

　　而此主題最後期間，孩子的買賣開店概念則更趨完整，有些是前兩期未出現的，如各項商品包裝、招呼客人、喊價、增設試玩區等；有些則是更完整，如到一年級班上發廣告傳單、製作與提供客人用的購物袋等。而且遊戲行為也較為複雜，並脫離自我中心顯現較為成熟的行為（圖6-2-21.、圖6-2-22.）。

圖 6-2-21.　老闆自製購物袋並裝袋　　**圖 6-2-22.**　合作討論製作簡版統一發票

　　整個「購物趣」主題萌發於孩子的扮演遊戲，經教師充實經驗、與孩子共構並搭構鷹架後，諧融共生課程。換言之，整個主題三階段歷程中，均是以評量為核心的「探究、鷹架、表徵」交替的循環過程，幼兒於其中運用了諸多探究能力如觀察、溝通、訪談等，以及自然運用語文心智工具並解決許多扮演上的問題。教師則於其中扮演激發引導者、觀察研究者、充實經驗者等諸多角色，與搭構許多鷹架支持幼兒的探究與扮演歷程；經過幼兒扮演或口語、作品表徵後，又進入另一個循環。如是，幼兒對商店買賣概念與能力日漸加深加廣暨統整。至於教師於幼兒扮演遊戲中的角色與鷹架，請參見 2013 年拙著《遊戲VS.課程：幼兒遊戲定位與實施》。

最後吾人以為，不要把教師指導與師生共構看作是兩個不同的類型，其實二者間是程度性的差異，教師是可以逐漸削減主導性，開放自己的教學，進入較難的共構境界。不僅是探究的方法可以開放共構，而且也及於探究內涵的開放共構。

三、鷹架引導

鷹架引導於主題探究課程的實際教學互動中，非常的重要，在上章筆者已經介紹六種鷹架——回溯鷹架、材料鷹架、同儕鷹架、示範鷹架、架構鷹架、語文鷹架，本章則從筆者輔導的幼兒園實際實施的課程中，舉出各項鷹架實例，以助讀者理解與運用。

（一）　回溯鷹架

園外參訪時教師經常攝影或拍照，以適時喚起幼兒記憶，利於後續探索。例如在「一起坐火車」主題中，教師將全班一起搭火車的照片於團討中播放，孩子發現火車車廂裡有許多海報、標誌與標語，引發後續對車廂內部的探索與表徵（親仁幼兒園彩虹蝴蝶結班，2016-2017）。又在「魔法愛心運動中心」主題中，教師先運用照片讓幼兒回溯開學至今每個運動遊戲的玩法，一方面引導幼兒意識運動遊戲的要素，一方面開啟接續精采與創意的自創運動遊戲設計（親仁幼兒園魔法愛心班，2016）。

再且，幾乎所有主題中的統整階段都會回顧本學期所進行的探究活動，以利探究期末成果展的內涵與形式，例如以上「一起坐火車」主題是以照片投影回顧；而在「你農我農一起『蔬』情萬種」主題中，教師是以口語對話與幼兒共同回憶這學期的探究活動，然後再共同決定所要呈現給家長的項目（親仁幼兒園彩虹花朵班，2017）。

（二）材料鷹架

在「風超人」主題中，孩子製作與實驗風箏，經過三次修改與試飛，在過程中，幼兒參考了教師在圖書角擺放的《風箏遊戲》書，自行思考、製作與調整風箏，這書就是一種材料鷹架，幫助幼兒在自製與實驗風箏過程中比對與思考，更加精進其作品（親仁幼兒園童畫色紙班，2016-2017）。又「我會做玩具」主題，孩子用寶特瓶與瓶蓋做車子，先畫設計圖再上色於瓶身，經試驗結果，發現只有奇異筆與廣告顏料上得了色，接著就裁切與黏合瓶蓋，老師在圖書區提供有關車子的書《輪子的本事》，讓孩子參考，這也是一種材料鷹架，幫助幼兒於創作中思考與精進（親仁幼兒園彩虹兔子班，2016-2017）。

而在「木頭真神奇‧看我變魔術」主題中，教師提供了許多裁鋸木頭的工具，如板鋸、摺疊鋸、電烙筆、熱熔槍、線鋸、線鋸機等，讓比較複雜的作品可以實現，如裁鋸圓形木頭就必須運用線鋸機，這也是一種材料鷹架，幫助幼兒提升作品層次；當然老師也會對新工具或新材料提供「示範鷹架」，教示幼兒如何安全地使用這些工具（親仁幼兒園彩虹花朵班，2016-2017）。

（三）同儕鷹架

同儕之間也可互搭鷹架，在小組中可以引領或啟發其他組員。例如在「風超人」主題中，孩子分組製作類風向計的冷氣風箏，經過風雨淋雨與人為破壞後，幼兒們則不斷地改良與維護，終於製作出較為堅固的冷氣風箏；過程中有些幼兒較具知能，發揮同儕鷹架之效，例如有幼兒建議該組換防水的塑膠板，有幼兒則建議其組改用氣泡紙等（親仁幼兒園童畫色紙班，2016-2017）。又在「魔法愛心運動中心」主題中，本來只有一組小孩將計分方式加入遊戲中，經教師表揚後，隨後有多組小孩也

跟著加入計分於其所設計的運動遊戲中（親仁幼兒園魔法愛心班，2016）。

又在團討中老師拋問如何解決時，總有幼兒有令人驚豔的回答，激發其他幼兒的思路，教師可多加運用。例如在「保持新鮮·留著回味」主題中，幼兒用紙箱製作東門城，所討論到的外牆材質都是平滑的，教師問：「怎麼把它弄得跟東門城的牆壁一樣粗粗的？」就有幼兒回答：「把色紙揉一揉，再打開貼上去」，於是引領大家嘗試做做看，使得城牆真有粗粗的觸感（親仁幼兒園蒲公英樂園班，2016）。

（四）示範鷹架

在「保持新鮮·留著回味」主題中，幼兒想參觀東門城樓的二樓，欲查詢觀光局的電話以詢問參觀事宜，教師就帶著幼兒運用電腦與大銀幕，示範如何查詢，即先找到電腦桌面下方 e 的標誌，再打入觀光局注音符號，就會出現圖示，引發幼兒躍躍欲試（親仁幼兒園蒲公英樂園班，2016）。此種示範鷹架讓孩子體驗從電腦上可查到許多知識，學到「釣魚」（求知）的能力，引發後續探究行動或學習興趣。又在「魔法愛心運動中心」主題中，各組幼兒必須運用基本動作與遊戲規則，設計各種運動遊戲，老師遂結合多項基本動作，設計成新的運動遊戲，如足壘球——結合壘球的跑壘四種動作與足球踢的動作，以為示範，鼓勵不同組別間能串聯組合成新的運動遊戲，結果成功地引發幼兒多種新奇運動遊戲的設計，如保齡足球大賽、寶球快籃球、乒乓滑滑盪鞦韆、叮叮叮跳跳跳彩虹氣球傘、翻滾棒球等（親仁幼兒園魔法愛心班，2016）。

又在「一起坐火車」主題中，幼兒自製的小火車都無法行駛，因為輪子都被固定住了，於是老師也利用角落時間製作一輛輪子可以滾動的小火車，出示幼兒並詢問：「老師的小火車和你們的，有什麼不一樣嗎？」孩子仔細觀察發現——輪子可以動、有竹筷子、竹筷穿過咖啡蓋上的洞

沒黏住、沒有完全黏很緊所以可以動；所以當老師再問：「那你們的小火車為什麼不能動？」幼兒就能意識到問題所在，並設法加以改良（親仁幼兒園彩虹蝴蝶結班，2016-2017）。同樣地在「風超人」主題，孩子們做了風帆車，但裝上氣球後，走一半卻停住了，到底是什麼原因？於是老師也製作一輛風帆車並放在桌上供幼兒討論與比較，幼兒終於找出原因並改進自己的作品了（親仁幼兒園童畫色紙班，2016-2017）。

（五）架構鷹架

在前述「魔法愛心運動中心」主題中，教師先運用照片讓幼兒回溯每個運動遊戲的玩法，然後老師引導幼兒歸納運動遊戲的三大要素——基本動作、遊戲規則、人數限制。其後幼兒便以此為架構，並用運動遊戲動作檢核表，分組設計各類運動遊戲，這運動遊戲檢核表與遊戲要素、規則都是一種架構作用，指引了幼兒探究與設計的方向；例如乒乓滑滑盪鞦韆組的遊戲規則是：(1)打擊乒乓球，打出去後，再騎滑板車沿著軌道向前滑行到終點；(2)接乒乓球，手握乒乓球跑，去追滑板車的人，終點前追到就得分（親仁幼兒園魔法愛心班，2016）。

又在「保持新鮮・留著回味」主題中，用紙箱製作東門城的屋頂，屋頂成平面狀躺在城牆上，教師為確保幼兒理解立體的意義，出示兩位幼兒用巧拼塑膠積木創作的東門城作品，一位用積木圈圍出立體空間、一位沒有圈圍出空間只是拼接站立，幼兒終於了解立體的屋頂要由數個「面」圈圍出空間，這也是一種架構鷹架，即教師提供思考或創作表徵的方向，引導幼兒更上一層樓（親仁幼兒園蒲公英樂園班，2016）。

（六）語文鷹架

　　言談對話可以幫助幼兒思考、推理與探究，尤其是擴散性問題。例如在「風超人」主題中，除玩各種運用風的遊戲外，也到處去尋找風，過程中發現有些地方風特別大，比幼兒園頂樓陽臺更大，老師遂提問為什麼會這樣？孩子提出不同的推論，引發後續分組用積木搭蓋三種地形的探究與實驗活動（親仁幼兒園童畫色紙班，2016-2017）。又在「亮晶晶‧玩很大」主題中，孩子製作完光碟車後很開心，一直滾著玩但不小心會踩到別人的，於是老師提問：「我們可以怎麼做，讓我們能夠在地上開心地玩光碟車，同時又保護到大家的光碟車呢？」引發孩子的思考，結果用紙箱製作一個平面的光碟車軌道（親仁幼兒園亮晶晶膠帶班，2016-2017）。

　　又在「一起坐火車」主題中，幼兒想在教室創作火車車廂，老師並不直接告訴幼兒怎麼做，而是在團討中與幼兒對話，激發幼兒的思考：「我們可以運用今天觀察到的車廂設備來想想，教室中的車廂裡要有哪些東西？可以怎麼做？」引發幼兒以大紙箱連接並製作有行李架、窗戶、拉環等的車廂（親仁幼兒園彩虹蝴蝶結班，2016-2017）。而在「『果』真奇妙」主題中，孩子們進行完香蕉相關實驗後，老師就提出香蕉可以怎麼吃？激發出許多創意的香蕉料理（親仁幼兒園彩色泡泡班，2017）。

　　讀寫也可做為鷹架，協助孩子記憶與思考。在「玩色達人」主題中，孩子染布後，老師與幼兒回溯染布的步驟，並依照孩子所言在海報紙上記錄下來並請孩子在上描寫；其後老師列印圖片，用遊戲方式請孩子對應文字書寫的染布順序與圖片，這張染布海報圖就成為日後孩子染布時的參照（親仁幼兒園大頭鴨班，2017）。

　　還有每次園外參訪後的回溯紀錄也是一種讀寫鷹架，幫助孩子思考與統整過程中的經驗，如在以上主題中，每位幼兒於參訪成衣設計公司後，都以繪畫表徵，教師則根據幼兒所言記錄於旁。再如「木頭真神奇‧看我變魔術」主題，幼兒帶著問題參訪木頭工廠並記錄後，將探究結果表徵成小書並投票命名為《木頭工廠的秘密》；從小書可知，幼兒知道木頭從哪裡來、種類等，了解木製成品需經電腦設計，並認識許多大型機具與其功能，如線鋸機、刨木機、磨砂機等（親仁幼兒園彩虹花朵班，2016-2017），達思考與統整的作用。

7 探究取向主題課程之具體落實

探究取向的主題課程因兼具探究教學、統整性主題課程與萌發性課程特質,與一般課程或傳統教師主導的課程非常不同,因此在落實時要講求一些方法。筆者把課程革新之旅比喻為水上行舟之舉,舟是幼兒園所有人共同乘坐的,而舟之下方與周邊濺起的水就是幼兒園的家長(圖7-1-1.);「水」能載舟也可覆舟!家長若支持幼兒園,幼兒園課程革新較易成功,家長若不支持幼兒園,則幼兒園有可能載沉載浮,甚而全舟傾覆、結束營運,尤其是在占幼兒園比率多數的私立幼兒園。所以本章第一節論及園方內部整體層面應如何落實探究取向主題課程,第二節則探討關係著課程運作成敗的園家關係經營之道。

圖7-1-1. 課程轉型情境與課程領導

第一節　園方落實探究取向主題課程之道

本節從幼兒園內部整體層面關注其實施探究取向主題課程之具體落實之道。首先論及探究取向課程與教學實施的要件或是常見的困難，其次據此要件或困境，進一步探討園方落實探究取向主題課程之道。

一、探究取向主題課程實施要件或面臨困境

欲實施探究取向主題課程的園所，將會面臨兩個情境，一個是課程自身，一個是課程轉型任務。這兩個情境都是幼兒園初次面對，都有其實施要件或遭遇困境，可從前人的軌跡中，借鏡思考，審慎以對。

（一）主題探究課程面向

探究取向主題課程涉及統整性主題課程、萌發式課程生成與探究教學諸多面向，任一面向對教師都不是很熟悉，何況必須同時關注。以此類課程之較高層次——萌發的探究取向主題課程之生成為例，首先老師的性情很重要，他必須要對孩子與孩子的遊戲真正感到「好奇」，才會想要有意義地回應孩子；而且也要具有「樂於投入終身學習」的性情，才會開放地從孩子的興趣與問題中去規劃課程；另外也要具有「省思力」，經常檢視事務的運作方式以及提問與思考；再且也要認識「認知失衡是成長的先兆」，才會受到萌發課程生成過程的激發（Stacey, 2009）。所以欲實施主題探究課程的教師，不僅要具有主題探究課程的專業知能，還必須具備好奇心、樂於學習、能省思、忍受疑惑失衡的性情或態度。

以上這些性情和態度確實很重要，從筆者的現場輔導經驗發現，教師對於如何追隨幼兒興趣、鎖定似為探究的主題課程並持續與幼兒共構、

發展課程，多感困難。其實預設的主題探究課程雖是預先設計，但吾人也希望在實施歷程中，教師能更上一層樓，即逐漸開放自己與幼兒共構、諧融共生課程；而且它究竟還是一個求知解惑或解決問題的探究取向課程與教學，因此教師仍必須具備以上好奇、樂於學習等性情或態度。此外，它在實施時也要注意以下學者所提之探究教學困境。

Anderson（2002）的實徵研究中發現，探究教學的困境有三個面向：技術、政治與文化。「技術層面」係指開放教學的能力有限、依賴教科書的習性、評量的挑戰、分組的困難、新的老師與學生角色的挑戰、不合宜的在職教育等。的確，多數教師對探究教學是什麼以及要如何實施十分陌生，誠如陳均伊、張惠博（2008）綜合文獻指出，對於探究教學，教師的理解普遍不足，也很少教師擁有探究教學的實施經驗。吾人以為在課程革新路途上，教師具備專業知能是相當重要的，不僅關乎知曉如何實施之道，而且也較具信心加以落實。

Anderson（2002）有關探究教學的第二個困境是「政治層面」，係指有限的在職教育（無法維持足夠之久）、家長的抗拒、教師間未解決的衝突、資源缺乏、對公平與正義不同的評斷等。而「文化層面」可能是最重要的，因為信念與價值為其核心，包括有關教科書的議題、評量的看法，以及預備學生的倫理思考，例如教師持有為下段教育預備學生的認知，認為教授範圍應充分涵蓋。總之根據 Anderson，培育教師做探究教學，不僅包含充實專業知能的技術層面，還必須考量教師工作學校的政治情境運作與文化信念氛圍，要整體性、系統化地看待探究教學的落實；不過他也指出在探究教學的三項困境中，學校文化層面的信念與價值是最為重要的。

綜上所述，實施探究取向的主題課程，教師首先必須具備此一課程型態的「專業知能」，如探究教學、萌發性課程、統整性主題課程，因為有了相關知能，就會知道如何實施與較有信心地實施；此外，教師也需具

備好奇心、樂於學習、能省思、忍受疑惑失衡的「性情或態度」，以利探究與萌發課程的落實。然而教師的「信念」，即對此類型課程所持的理念與價值觀，相對地更為重要，穩固強實的信念激發教師專業成長的意願，並且也會力圖與負面的組織因素（政治層面）抗衡、不受其左右，此組織因素將於以下課程轉型處繼續探討。

（二）課程轉型面向

筆者曾綜合文獻，提出課程轉型的三大特性：逐漸演化性、整體牽動性與複雜不定性（周淑惠，2006）。首先論及「逐漸演化性」，課程創新、轉型或改革是需假以時日才能有些成效，無法躁進的。以臺灣知名的私立愛彌兒幼兒園的精彩主題探究課程為例，是逐漸發展成熟的，從1989 年成立研究企劃室、延聘專職課程與教學企劃、規劃開放學習區開始，歷經數個階段的創新改變歷程，不斷進行園所專業成長，終於在第七個階段 2004 年建立全人發展與建構取向之園所本位課程（張斯寧，2007）。

再以筆者輔導的私立親仁實驗幼兒園為例，從 2003 年決定拋棄坊間教材開始，就兢兢業業地摸索，2006 年接受教育部的輔導方案，才逐漸確立基於社會建構論「以幼兒興趣為探究取向的主題課程」的課程革新方向。轉型過程中也曾歷經教師因害怕教學無教材可資參考而全數離職，以及幼生大量流失、幾乎無法營運的窘境；其後又逢人事再度更迭與痛苦的課程緩行期階段，終於在 2008 到 2010 年間方才逐漸穩定。在穩健發展深獲家長與社區的良好口碑後，為回應家長，於 2012 年成立分園，亦實施以幼兒興趣為探究取向的主題課程，這在受少子化影響與多數私幼教授讀寫算以迎合家長的當今臺灣幼教界，確實是很難得的現象。不過在整個轉型歷程中，園方積極鼓勵教師進修、研習、參與讀書會與國內外研討會、成為各種研究場址等，以藉機提升自己，終能逐漸

成長，成為海內外參訪對象，而整個課程創新歷程前後也經過至少十年之久。

再就「整體牽動性」而言，以上有關探究教學的技術、政治與文化三面向困境，Anderson（2002）認為應持系統化的整體思維去看待，即意指各項要素間相互影響甚而牽動全局的整體牽動性。課程實施或轉型理論中的諸多模式，如「組織發展模式」（Organizational-development model）、「關注採用模式」（Concerns-based adoption model）、「系統模式」（System model），均持系統觀思考，認為人的行為是在組織中運作的，這組織是一個人際與結構間的關係系統，彼此相互關聯與影響（Ornstein & Hunkins, 2017）。職是之故，課程轉型之舉牽動組織全局，是可以理解的。

從課程自身而論，課程型態不同，其教學四要素：目標、內容、方法與評量方式當然迥異，如探究取向主題課程與華德福課程在以上四要素實施運作與表現上，均不相同，包含時間作息、空間氛圍與運用、教材內容與使用方式、評量方式、家長互動等的課務制度，以及總務採購與資源管理制度；而為激勵成員邁向革新之路，整個人事福利、考績與人力運用制度勢必有所調整，可以說整體學校制度均須整合以因應、配合或改變，否則課程革新或轉型之舉多所掣肘、無法運作。相對地，當相關制度或措施改變後，也會影響人的行為、人與制度間的運作，其關係是相互影響、彼此牽動的。

最後就「複雜不定性」言，以上整體牽動性說明了學校中所有人、事、時、地、物等均因課程轉型而牽動變化，反之亦然，這當然造成整個學校的複雜不定性，因此無可避免地，抗拒自然而生。吾人以為 Fullan（1993）將改革視為一個「旅程」，是一個十足反映人生之「未知命運之旅」，而非預先勾勒好的藍圖，比喻得非常好。此一「未知命運之旅」譬喻道出課程革新的真正特性——吾人無法預知明天將如何，正如同無法知

曉課程革新之舉於何時、何種關節會發生何事？因為影響變革的因素涉及學校整體層面，甚至外部環境因素也會對其發生影響，可以說因素實在眾多且彼此交互作用，形成錯綜複雜、不穩定的動態關係（周淑惠，2006）。

再從課程創新之影響因素論之，筆者曾綜合文獻及針對我國幼兒園生態環境，歸納影響我國幼兒園課程轉型的要素不外乎「人的信念」與人之外的「組織要素」兩大層面（周淑惠，1998b，2006），不過信念更凌駕於組織要素，此與以上 Anderson（2002）信念與價值為要之系統觀點，乃相呼應。換言之，吾人雖然認同 Grant 與 Sleeter（1985）所指：「學校情境因素對教師有一定的影響力，塑造其教學行為；教師個人的信念與其所面臨的工作情境，實共同決定教師的教學實務」，然而信念仍是課程創新的關鍵要素，課程轉型是否成功及整個組織是否支持課程革新，是取決於組織中人的信念。

吾人以為 Romberg（1988）所言甚是，任何改革最主要的障礙乃教師內在根深蒂固的信念，課程改革文獻中所提及的「表面課程」（Bussis, Chittenden, & Amarel, 1976）與「訴諸內在」（O'Brien, 1993; Olson, 1982; Ryan, 2004）現象，均說明教師因信念的差異，形成以自己的理解執行課程，導致課程喪失原貌甚或完全扭曲的事實。更重要的是，只要有堅定的專業信念，就有可能排除萬難與限制，充實專業知能、追求卓越以面向革新，並讓「組織要素」不成為阻力，反為其所用，成為有如 Posner（1992）所言正向的「架構因素」（Frame factors）；甚至能教化與影響家長，讓課程改革得以順利進行（周淑惠，2017b）。

只要是涉及改變的事，就是複雜有難度的，因學校組織是由「人」所組成的，只要有人就會很複雜；又加上要進行改變，且這改變是整體牽動的，自然會有所抗拒，其結果又有如未知命運，真是複雜不定。Ornstein 和 Hunkins（2017）指出課程改革若要成功，學校就必須逐步漸進、充

分溝通與提供支持，正是反映以上筆者所提出課程改革之逐漸演化性、整體牽動性與複雜不定性。總之，課程轉型不僅涉及組織層面的著力，還涉及人的信念此一關鍵影響要素，如何形塑學校成員對即將創新的課程具有信念，了解它的價值，乃為刻不容緩之務。

二、探究取向主題課程落實之道 I：園方內部層面

根據以上主題探究課程實施要件與課程轉型所面臨情境，本書提出三大落實之道：全面進行專業成長、建立願景與實施正向課程領導、讓家長看得見孩子的學習成果，茲說明如下。

（一）全面進行專業成長

Fullan（1993）指出，教育是有道德使命感的，學校中的每一個人，包括領導者、教師都必須成為「改變促動者」（Change agent），若幼兒園欲轉型為主題探究取向的主題課程，則必須全面進行專業成長，包括各層級教師與園長與主任。首先就教師言，他是直接實施課程的人，如上所述，教師的信念、知能與態度或性情都會影響課程的落實，因此教師對主題探究課程的信念、相關知能與好奇及樂於學習等態度或性情，均須強化或形塑。

其次就園長或領導層級言，他或她們擔任「轉型的課程領導」（Transformative curriculum leadership）角色，必須是一個具有大格局的教育思想家，能做系統思考的改革者；同時，能與他人協同合作者、積極主動的公開支持者以及建構真知想法者；也須參與支持性的社群對話，學習以智慧與堅定的信念面對群眾，進而實際推動革新方案（Henderson & Hawthorne, 2000）。因此園長除了要強化探究取向主題課程的相關知能與信念外，也要增進以上轉型課程領導的相關知能，以及立意形塑自己

以成為一個轉型課程領導者的專業角色。

　　於此論及有效專業成長的三大要素：符合當事人需求、由行動中學習與反省性思考（周淑惠，2003b），就顯得相當重要。

① 符合當事人需求

　　首先就符合當事人需求論之，探究取向主題課程有兩大特徵：強調知識現學現用的統整性主題課程，重視科學程序能力運用的探究教學；而更高層次的探究取向主題課程，是以幼兒興趣萌發與共構生成的，均有別於坊間學科領域拼盤的主題課程，其專業知能要求自然有異。此外，探究取向主題課程因基於社會建構論，所以從整體實施層面言，強調社群共構、鷹架搭建與語文心智工具的運用。而以上這些種種知能對於有心實施且初次接觸的教師或園長，都是相當的挑戰。因此上述知能實為課程轉型教師之當急需求，建議相關培訓、進修、研習等應以此為重心，期望能強化知能、形塑信念與養成好奇、求知等的態度與性情。

　　以筆者的現場輔導經驗，課程實施相關知能方面特別是如何追隨興趣並鎖定為探究的主題？如何引起探究動機（如何引起幼兒好奇繼而探索未知事物、如何引發認知衝突、如何製造解決問題的情境）？如何確保課程的探究性（即幼兒確能運用探究能力）？如何諧融共構（而不過分主導）？如何搭建各種合宜鷹架（因應幼兒之需）？如何統整期末高峰活動（歷程展）？是教師普遍顯現較為困難之處，相關培訓可多加著墨以上專業知能。

　　至於信念方面，可運用閱讀課程紀實或相關圖書的「讀書會」，並於會中「研討暨省思」，以強化探究取向主題課程的理念。例如討論某一種教學行為時，大家可研討與省思此種教學行為背後的教學原則、信念、或理論是什麼？對孩子的影響是什麼？自己在教室中有無此種教學行為？要如何增加或避免此一教學行為？或是如何提升此教學行為的層

次？此即反映 Anderson（2002）所言，協同合作是省思的一個很有力的刺激，而省思是改變信念、價值與理解的根本，是專業成長的一個非常重要方式。筆者甚至建議最好搭配以下的「行動中學習」方式，在試行前、中與後均省思，讓讀書會的「知」與教學中的「行」能自然鏈接，以達逐步釐清理念及充實知能的目的，甚而逐漸形塑態度或性情。

② 由行動中學習

其次，由行動中學習是指，一面有系統地進行強化專業信念與知能的課程，一面小量但大膽試行新的課程與教學作法，由「做」中「省思」與「建構」教學實務，以達強化與鞏固教學信念與知能目的，這是筆者一向運用的幼兒園輔導策略，也是許多幼兒園課程轉型的經驗（周淑惠，2006）。誠如 Fullan（2016）指出，改革成功的一個要素為埋首於情境中學習並持續建立能力。因為一方面專業知能是逐步增長的，不可能一次到位；再方面一開始進行課程轉型就全方位實施整個課程，對教師的壓力很大，若是伴隨專業培訓，逐步點、線、面地擴大實施，這樣由實務中建構與萃取的經驗反而刻骨銘心，更容易與培訓的理論與知能內涵連結。例如專業培訓中的如何引起探究動機、如何配合幼兒需求搭建各種合宜的鷹架、如何於追隨幼兒興趣中並能鎖定為探究主題等，都可讓教師在實際教學中漸次練習，以獲得專業知能與技巧。

③ 反省性思考

最後，誠如 Anderson（2002）所指，省思是改變信念、價值與理解的根本，不管是何種形式的專業成長方式，均應盡量強調「省思」成分。例如在上述教學試行前、中與後均應省思此一教學之目的為何？所根據的理論基礎或教學原則是什麼？有否達成此一目的或做到該教學原則？如果沒有做到，問題何在？下次要如何改進？而以上試行若能搭配也強調省思的培訓或讀書會，其效果相輔相成，必定更佳。就此，教師可將

在教室中試行的影片或心得公開於讀書會中分享，以供大家研討與省思，藉同儕激盪與合作，達到教學精進的目的。

（二）建立願景與實施正向課程領導

筆者常借用 Fullan（1993）「未知命運旅程」的概念，將課程轉型比喻為「水上行舟之旅」，舟上是幼兒園所有成員，舟下是外面的大環境如天候、浪濤狀況，家長就是舟下之浪水，而領導者則在龍頭處領航，往新的課程方向與願景（如圖7-1-1.左方黃色圓形象徵物）前進。所以課程領導者於課程轉型或創新中，相當重要，他或她必須施行轉型領導或正向領導，讓教師們同心協力將船駛向共識的新課程目標與願景。研究者曾綜合文獻將課程領導定義為——為實現教育目標，領導者本其專業，透過溝通、協調、激勵等領導方式，建立團隊願景與成長文化；並協助團隊教師專業成長，支持其進行課程創新或實施優質課程，以精進園所整體教學品質（周淑惠，2014）。就此定義，正向的課程領導包含以下六項措施，這幾項措施與任小寧（2016）研究探究取向主題課程幼兒園的課程領導，多所相吻。茲說明如下。

1 建立共識與願景

首先，建立共識與願景是先決條件，相當重要。因為課程實施或創新若要成功，所涉及的人必先了解轉型的目的是什麼？為什麼要改變？即充分理解改變的必要性；由人所組成的學校本就充滿複雜性，若人們不理解為何要改變或對課程革新充滿疑惑與恐懼，一定會有所抗拒，這就是課程實施或轉型的「對改變抗拒的克服模式」（Overcoming-resistance-to change model）所關注的（Ornstein & Hunkins, 2017）。而抗拒理論對克服抗拒的一個很重要策略是，賦權大家討論與決議，因此在團隊成員了解改變的意義與必要性後，接著領導者必須與大家討論課程革新行動的

目標（在此為探究取向的主題課程），在取得共識後，並建立共同追求的願景，讓整個團隊能充滿希望且合作地往願景方向努力。

2 建立成長氛圍與組織文化

其實探究能力本身是一種終身學習的能力，教師本身也要體驗探究並具有探究能力，培養終身學習的能力；而以上的共識與願景也有賴學習型組織的建立，讓學習、成長的文化與成員的實質成長伴隨著課程創新（楊振富譯，2002；Ornstein & Hunkins, 2017），且彼此激勵、協同合作往目標與願景前進。即這學習型組織或學習社群，是一個重視專業成長文化的團隊，領導者要試圖建立成長氛圍與組織文化，支持與協助團隊教師進行專業成長。因為無可否認地，組織文化與氛圍大大影響組織內成員的行為，一個具成長文化與氛圍的組織，自然會帶動所有成員不斷追求成長。

此外這學習型組織或學習社群也強調協同合作。其實探究取向的主題課程是立基於社會建構論，社群共構是主要概念之一，在執行課程中要做到親、師、生共構，那麼在幼兒園中的老師們也要一起合作共構，體驗學習社群，以利專業成長與課程落實。此即呼應 Fullan（2016）所指，改革成功要素之一是：意識所有的成功策略是以人際合作為基礎的，因此，領導層級要創造一個老師間的合作氛圍與提供老師可以省思信念、成長的情境。

3 建立激勵成長與創新的制度與措施

以上課程領導重要任務：建立共識目標與願景、建立成長氛圍與文化，當然必須透過領導者的溝通、協調、激勵等領導方式，加以經營與建置，方能竟事。尤其是必須輔以建立激勵成長與創新的制度與措施，例如制定各項人事獎勵制度、人力調配方案、彈性課務制度與總務採購制度等，即建立符應課程創新的合宜、無礙且激勵人心的軟體環境，讓

團隊成員有內、外動力去追求專業成長與進行課程創新。

④ 與團隊成員積極溝通、協調

　　而在這成長與激勵的正向氛圍中，課程領導者的具體作為包含對內與對外兩方面。對內第一項具體作為為：必須與團隊成員積極溝通、協調，因為在主題探究課程的施行中，各方資源、人力與時間作息等的調配，都必須彼此協調、善加溝通，方能順遂以行。

⑤ 關懷與支持（含指導）團隊成員

　　對內第二項具體作為為：關懷與支持（含指導）團隊成員，因為在課程轉型過程中，教師一定會遭遇困境，如不知如何跟隨幼兒興趣、不知該如何鎖定主題、不知如何提問、不知如何引起動機、不知如何搭構鷹架等，均需課程領導者適時關懷與協助，甚而指導與示範，以利課程落實。

⑥ 與家長溝通、協調，為教師後盾

　　至於課程領導對外具體作為為：必須經常與家長溝通、協調，為教師後盾，若家長有所誤解，則須出面溝通、協調，以維護第一線執行課程的教師，尤其家長在意的讀、寫、算期望方面；甚而協助教師與家長建立合作的園家夥伴關係，以利共同教育幼兒。

　　最後談到領導者的特質，依筆者輔導經驗所見，課程領導者必須具有的人格特質為：挑戰與創新、正向與熱情、虛心與省思、溫和與堅持；專業特質為：熟稔幼教課程與教學、不斷藉機專業成長；同時她或他必須如 Henderson 與 Hawthorne（2000）所指，扮演「轉型的課程領導者」角色，是一個大格局的教育思想家。吾人以為 Kirtman 和 Fullan（2016）所指系統革新之領導者要具備的七項能力，很符應轉型的課程領導者角色，實可資參考：挑戰現況、透過清晰溝通與期望建立信任感、建立一個具

共識的成功計畫、焦注於團隊而非自我、具有緊急變通與學生表現持續
發展的高度意識、具有持續改善自我與組織的承諾、建立外在網絡與雙
向夥伴關係。

（三）讓家長看得見孩子的學習成果

　　家長最關心的就是子女的學習狀況與成果，教師或園方若能關心家長
的關注點，讓家長「看得見」孩子的學習成果，則較易獲取家長的支
持。而讓家長看得見孩子的學習成果有兩種方式，一是「家長參與課
程」，雖然只是參與未能親見學習成果或紀錄，但在過程中看得見孩子的
學習狀況與了解園方課程理念及內涵，也是一種間接的看見方式，也有
所助益；二是「家長眼見學習成果」，意指家長收到學習紀錄與親見孩子
的具體表現等。以下則輔以幼兒園個案研究實例（周淑惠，2017b，
2017c）（此幼兒園是筆者輔導且是實施探究取向主題課程），說明如何
讓家長看得見孩子的學習成果。

1 家長參與課程

　　首先家長參與課程的方式有兩種，一種是家長直接「入班參與」主題
活動，另一種是將園方「課程延伸於家」。直接入班參與主題活動如在
「木頭真神奇‧看我變魔術」主題中，在木製品工廠任職的家長進班以
影片介紹木頭的製程，在發下不同的小木塊樣品後，也一一回答幼兒的
疑惑；在「布布驚奇」主題中，因孩子不斷回家分享目前課程上探究的
重點是布，引發家長在家與孩子製作布書，並入班分享及教導布書的製
作方式；在「做一本彩色泡泡的書」主題中，本身也具幼師資格的家長
入班分享各類繪本（圖7-1-2.）；在「風超人」主題中，善用科學原理製
作玩具的家長入班教示空氣砲與水火箭的製作（圖7-1-3.）等。

　　其次「課程延伸於家」有多種方式，最常運用的是親子主題學習單，

圖7-1-2. 家長入班分享各類繪本　　**圖7-1-3.** 家長入班分享空氣砲與水火箭

是指教師依主題課程的進展需要，以帶回家的學習單方式，讓親子共同探究或活動並加以繪記。例如在「環保創客」主題中，曾發放「紙箱可以做什麼？」的親子學習單，讓親子共同思考、上網找答案，最後孩子繪畫或剪貼於學習單上，父母則在旁註記（圖7-1-4.）；在「做一本彩色泡泡的書」主題中，曾發放「哪裡有書？」親子學習單，讓父母於週末帶孩子去有書的地方，然後孩子畫下觀察所見（圖7-1-5.）；在「木頭真神奇‧看我變魔術」主題中，曾發放貼著各種工具圖片的親子學習單，讓父母與孩子在家運用各種方式，尋找工具的答案與如何使用，並記錄其上；在「風超人」主題中，也讓幼兒回家與父母共同尋找、發現生活中運用空氣壓力的物品或是場所，並繪記下來。

　　除以親子學習單形式外，教師也可於親師聯絡本內書寫目前主題進行狀況、幼兒需要何種經驗，特意請家長配合將課程延伸於家。例如在「木頭真神奇‧看我變魔術」主題中，家長看了教師於聯絡本的註記後，自行帶孩子到木雕博物館等處參觀。有時老師沒有要求，家長也會自己從園家交流資料中感受孩子在園的課程，自己在家延伸。例如在前述「布布驚奇」主題中，媽媽與孩子在家共同製作可以操作的布書；以

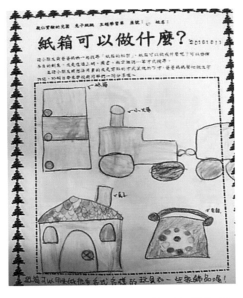 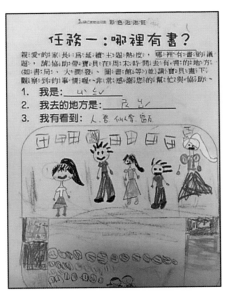

圖 **7-1-4.** 　親子學習單：紙箱可以做什麼？　　圖 **7-1-5.** 　親子學習單：哪裡有書？

及「風超人」主題中，家長入班展示空氣砲、水火箭活動，都是家長先在家自行延伸班上的主題課程活動。

　　還有一種課程延伸於家的狀況是，課程若進行得好，孩子對主題就會非常投入，回家時自然會不斷地對家長述說並以行動表現。例如是蛋糕店相關主題，家長於訪談中言：「主題是蛋糕店，孩子回來會要跟媽媽一起做蛋糕，看簡單數字、磅秤，生日要烤餅乾給同學，有學到東西又玩得開心。」又進行水的主題時，孩子回到家以管子實作接水，與運動相關主題時，孩子回家練習跳繩等。

② 家長眼見學習成果

　　至於家長眼見學習成果也有兩種狀況，一種是家長定期收到學習紀錄親見孩子表現。建議學習紀錄可以用雙周報或月報的方式，其內容除包

括一般幼兒園班刊或園訊都會呈現的活動照片流水帳記錄外，最好含括師生教學對話的摘要紀實，並能針對主題探究歷程中孩子所運用的能力加以「分析」，讓家長清楚了解孩子於課程中所運用或增進的重要能力。因為主題探究課程的重點在於探究能力或解決問題能力的運用，有別於讀、寫、算的教學，若能用心整理顯現孩子探究歷程中所運用或彰顯的能力，必能讓家長逐漸信服，有利課程的落實。而且另一方面藉由記錄與分析，教師也可檢視自己的教學是否符合主題探究課程的要素；而到了學期末就可統整平日定期的周報，做成完整的主題檔案留存或分送家長，請參見圖7-1-6.與圖7-1-7.個案幼兒園的主題檔案。

圖7-1-6. 主題檔案紀錄

圖7-1-7. 主題檔案紀錄

　　以下為對個案幼兒園的研究中，從家長於訪談所表達的感謝與信任，就可了解用心彙整與分析、讓家長看得見孩子的學習成果，對主題探究課程的落實，是多麼的重要。

　　從周報裡可以看到老師……。我有感受到這探究課程，帶領孩子讓孩子自由發表意見、發想、試驗，主題步調慢，但會讓學生盡量嘗試。以前問她上課有發表嗎？她說沒有，現在到了中班就很會講。

　　老師都很用心與專業，把孩子的學習整理得很好，好像以行動研究帶孩子，從轉譯的師生對話去分析孩子的學習。信任老師專業的一面，從他們身上學到好多，帶給我自己很大的反省。

　　「家長眼見學習成果」的第二種狀況是家長參與「期末主題歷程展」。所謂主題歷程展是幼兒在回顧整學期所探究內涵後，運用主題探究歷程中所獲的知能，規劃與呈現學習成果，其形式可以是闖關活動、戲劇表演、親子手作、義賣活動、主題情境互動展（如花路米綜合醫院、購物趣）等，並邀請家長親臨共同活動，類似方案課程的高峰活動。圖7-1-8.為「玩色達人」主題，孩子正請家長完成「染布的步驟」的文圖配對；圖7-1-9.為「美術館」主題，孩子正在向家長介紹班上孩子的畫作。

　　而當家長參與這期末的成果展出時，多驚豔孩子的能力進展，以下為家長與老師於訪談中所反映的感謝與信任。

圖 7-1-8.　「玩色達人」主題期末歷程展　　圖 7-1-9.　「美術館」主題期末歷程展

　　剛開始家裡老人家也很擔心，來看過歷程展後，才知道老師好厲害、好感動，覺得送來是值得的，有幫助她成長。上大班我也有點擔心，但我也看見她的進步，這個課程的迷人處，就不擔心了。這次她自告奮勇說要擔任大大主播教弟妹班創意紙袋，在人數、材料各面向都能自己想，並且大方地分組教導……。

　　我覺得家長他們最大的感覺喔，就是可能是謝謝老師，他覺得他小孩開心，還有小孩的主動性，可能平常講話不是很流利，竟然可以獨自介紹一張海報，變大方了，而且畢竟面對不同的爸媽……家長蠻開心，因為可能他的轉變。我們還有家長分享他為何可以乖乖坐在那裡？站在那裡做完這件事情才離開？（意指在歷程展闖關活動的某關卡主持、解說等）很多家長反應為什麼跟在家不同？他沒有辦法乖乖待在一個地方，真的有看到孩子的轉變。

第二節　促進課程落實之園家關係之道

　　主題探究課程具體落實之道，除必須觀照園方內部整體層面之外，還需與外部家庭建立關係共同教育幼兒，亦即也必須於園家關係面向著力。因誠如本章開宗明義所述，課程革新猶如水上行舟之舉，水能載舟也可覆舟！它影響著課程轉型的命運。因此本節探討促進課程落實之園家關係之道，包括園家關係之重要性、園家關係之類型與發展趨勢、園家關係之促進策略，最後並以所輔導幼兒園之個案研究，說明幼兒園於落實探究取向主題課程時，該如何同時經營園家關係之道。

一、園家關係之重要性

　　以下從理論、研究成果與各國教育文件三面向，探討園家關係，發現均推崇園家合作關係，顯示園家關係之重要性。

（一）理論支持園家合作關係

　　探究取向主題課程之立論基礎就是社會建構論，強調社群共構，為親、師、生共構或園家合作關係的發展，提供有力的支持，誠如 Daniel（2011）所言，發展與學習的社會文化理論視家庭在孩子學習過程中，具持續與統合的重要角色，因此園家合作乃為必要。除了社會文化論外，還有其他理論如 Bronfenbrenner 的「生態系統論」（Ecological system theory）、多位學者提出的「家庭系統理論」（Family system theory）與 Epstein 的「重疊球體理論」（Overlapping spheres theory），也均指出家庭與孩子的關係至為親密，其影響無所不在，因此幼兒園與家庭間保持密切關係、共同致力於幼兒教育，似乎是無可規避的責任（引自周淑惠，

2017b，2017c）。吾人以為 Scully、Barbour 和 Roberts-King（2015）所言甚是，幼教機構與專業人員秉持「以家庭為基礎的哲學」（A family-based philosophy），與家庭建立正向互惠關係，雖然是一個高遠的目標，卻應成為關注的焦點。

在此以 Epstein 的重疊球體理論為例說明園家關係。Epstein 把家庭、學校、社區構思為三個等同且交相疊置的圓球體，而孩子則位於家、校、社區三個球體的重疊交集處。此重疊球體理論之圖形顯示具有「外在結構」與「內在結構」，外在結構即描繪家、校、社區三個球體的動態情境，它在設計上可以推聚在一起或拉扯分離，代表增加或減少彼此間的溝通與合作；內在結構即描繪了家長、孩子、幼教工作者與社區成員間的人際溝通與交流（Epstein, 1995; Epstein & Sanders, 2006）。換言之，孩子學習與發展的三個主要情境：家、校、社區，可以連結在一起，也可以是彼此分離，端賴學校的選擇與作為，學校可進行許多高品質的溝通與互動，試圖將三個球體緊密連結，發揮對孩子的影響力；學校也可不進行溝通與互動，讓三個球體分離，減少對孩子的影響力（Epstein, 1995）。亦即重疊球體影響力理論認為孩子身邊的家、校、社區三者間的關係或重疊處愈大，即三者間共同合作使成長與學習的環境愈是支持的，孩子的學習表現就愈高。總之，家、校、社區間必須合作無間以符合孩子的需求及促進孩子的發展（Daniel, 2011; Epstein & Sanders, 2006）。

（二）研究支持園家合作關係

建立園家關係不僅有相關理論的支持，而且事實上，發展園家夥伴關係可促進孩子的學習成就，在今日已廣被意識與接受（Daniel, 2011），有愈來愈多的研究證實，實施家長參與或建立園家關係對孩子的學習成果具有實質效益（Greenberg, 1989; Marcon, 1999; Powell, Son, File, & San Juan, 2010）。

（三）各國教育文件支持園家合作關係

當代一些重要教育文件也明白呼籲園家雙向互惠、合作關係或夥伴關係，甚至是園家社區間的夥伴關係。例如臺灣教育部《幼兒園教保活動課程大綱》在總綱「基本理念」中指出，教保服務人員是幼兒家庭的合作夥伴，須主動與家庭建立夥伴關係，相互尊重、合作、協商，以共同分擔教保責任（教育部，2017：5）；而在「實施通則」中也明白指出，建立幼兒園、家庭與社區的網絡，營造三者間的夥伴關係（教育部，2017：11）。

NAEYC《發展合宜幼教實務》五項指引原則中的一項，也指出與家庭建立雙向互惠關係（Copple & Bredekamp, 2009）；甚至與家庭、社區建立尊重、密切溝通與合作互補關係已成為 NAEYC 認可幼教機構品質的《幼教專業養成標準》（*NAEYC Standards for Early Childhood Professional Preparation Programs*）中七項重要標準之一（NAEYC, 2009）。另外國家親師協會（National Parent Teacher Association）所擬的《父母或家庭參與國家標準》也特別針對此議題提出六項標準（引自 Prior & Gerard, 2007）。更甚的是，澳洲教學與學校領導機構（Australian Institute for Teaching and School Leadership, AITSL）頒布之《澳洲教師專業標準》（*Australian Professional Standards for Teachers*），將與家庭、社區從事專業性合作關係列為專業教師七項重要能力標準之一（AITSL, 2011）。

總之，園家合作關係或家長積極參與具有理論上的支持、實徵研究上的效益明證與各國教育文件的推崇。其實在幼教實務上，園家合作關係也有彰顯實例，第二章介紹的義大利瑞吉歐幼兒園系統即非常重視園家或社區關係，將學習視為文化與社會歷程，把孩子置於親、師、生社群所圍繞的社會與文化中教育（Rinaldi, 1993）。

二、園家關係之發展趨勢與類型

以下探討園家關係的歷史發展趨勢，其實從歷史發展趨勢也可看出園家關係的各類型，茲分述如下。

（一）發展趨勢

Rodd（1998）對園家關係的歷史發展有詳細的說明，顯示家長涉入幼兒機構乃從早期極少參與的「象徵性層次」，逐漸發展、轉化為今日相互尊重、平等的夥伴關係。最早期幼教專業人員保留傳統自主權力，家長很少參與，其參與僅淪為象徵性的層次；1960 年代民主意識興起，家長成為教室的另一雙手，然而幼教工作者認為他們自己是有資格與經驗的專家，相對地家長則缺乏教養知能無法正確地養育其子女，因此持有「補償式」（Compensatory approach）的家長參與觀，試圖改變功能障礙的家庭；其後 1970 年代家長參與被視為是一件關乎「溝通」與接觸的事，透過改善溝通與發展正向關係，可增強幼教專業者在家長眼中的專業地位。

進入 1980 年代家長參與乃從溝通走向「績效責任」的理念，家長被認為是有需求與願望的服務顧客，幼教專業人員必須敏覺與回應，雖然家長參與在此時大有改善，但是很少真正合作或成為夥伴關係；直到 1990 年代幼兒園與家庭關係才開始走向夥伴關係，幼教工作者開始接受家長與他們在孩子與家庭方面都是專家，但彼此具不同專長，願意分享權力與責任。也就是 1990 年代後移向「夥伴關係」的園家關係，強調園、家對孩子皆有影響，必須透過發展平等、共同合作的關係，以協調雙方的努力。

以上 Rodd 對園家關係漸進發展的描述，其實 Wolfendale 於 1984 年也

有類似描繪。他綜觀過去以來園家關係的發展，指出呈現連續體漸進的發展趨勢，是從沒有接觸、最少接觸、適度接觸、適度參與、相當參與，到當今的夥伴關係（引自 Robson, 2003）。簡言之，平等合作或夥伴關係是當代學者所倡議的園家互動關係（Berger & Riojas-Cortez, 2016; Daniel, 2011; Epstein, 1995; Epstein & Sanders, 2006; Robson, 2003; Rodd, 1998; Scully, Barbour, & Roberts-King, 2015）。

（二）類型

　　Scully、Barbour 和 Roberts-King（2015）指出三種層次的家長參與或家校合作關係類型：最少層次、關聯層次與決策層次，前兩種層次是由學校負責所有教育決定，第三種層次是較為平權也較複雜的夥伴關係。Robson（2003）對於園家互動關係，提出一個如連續體漸進發展的模式，在連續體的左端僅是園方接觸家長的被動「單向收受」關係，連續體的右端則是家長活躍參與的「雙向積極」關係，但大體上可分為幾種類型：提供資訊、初步接觸、家長參與、協同合作與夥伴關係。此外，Swap（1993）從學校文化角度出發將園家互動類型分為四類——保護校方型、校對家傳輸主導型、豐富課程型與較新的合作夥伴型。而 Goodall 和 Montgomery（2014）聚焦於園家合作關係中家長參與的主導性，提出家長參與連續體狀態上有三個明顯的點，即代表園家合作關係中家長參與的三種類型，連續體一端是家長被動參與學校事務，是園家關係歷程的起始，中間是家園共享的家長參與教育事宜，另一端則是家長主動投入孩子的學習，代表終點的期望目標。

　　以上學者於文獻中所提出之各種不同園家互動關係類型，雖然各家著重點與分類稍有不同，仍具有共通點。首先，大多採連續體狀態的分類，即在家庭參與或園家關係的質與量多寡上做歸類，從中顯現園家關係樣貌的多樣性；其次，大都顯示共同決策的夥伴關係是最高層次的園

家關係。

　　總之，園家之間的關係由早期雙方極少接觸，幼教專業人員看重自己的專業地位，家長參與幼兒園事務基本上是一種不對等的關係，歷經多年逐漸演變到今日相互尊重、家長被賦權的正向互惠關係或夥伴關係。可以說家長參與無論是在品質與數量上都大為增進，亦即重視園家平等互惠或夥伴關係是當今之潮流趨勢；而這平等互惠、共同決策的夥伴關係，也是園家關係面貌（類型）的最高層次。

三、園家關係之促進策略

　　提出重疊球體理論的 Epstein（1995）指出家長參與或家校合作的六種策略，做為校方運作行動的架構，以增加三者間的重疊關係，即六種家長參與（Parent involvement）方式：實施親職教育、持續雙向溝通、歡迎志工服務、連結在家學習、家長參與決策、與社區合作。從 Scully 等人（2015）提出建立與維持家校合作關係的幾項重要策略：發展歡迎的學校與教室、與家長持續的溝通、邀請家長進入教室、經營合作的關係。而 Robson（2003）對於如何促進建設性的園家夥伴關係，提出兩大類別的行動策略：協助導入與銜接、在園中協力合作。此外 Prior 和 Gerard（2007）認為與家長發展與維護有效的夥伴關係，有以下六種具體作法：(1)建立第一印象；(2)致力於持續溝通；(3)與家長個別建立連結；(4)善用親師會議；(5)家長入班協助及其經營；(6)表現你的感謝。

　　以上學者有關促進園家關係或家長參與的策略，大多提到持續雙向溝通、家長入班參與、協力合作與決策等項策略，顯示這幾項策略很重要；不過研究者以為，似乎 Epstein 的六項策略較為廣泛周全，不僅在學校場域，還涵蓋家長在家幫助幼兒學習的部分、與社區合作，還有親職教育面向，可資吾人參照。值得一提的是，有的學者的策略涉及時間

軸，涵蓋開學之前的歡迎與導入，如 Scully 等人與 Robson，研究者以為在幼兒階段入學是一件大事，發展園家關係應延伸至入學前的歡迎與導入，而且也應關注幼兒在家的學習狀態。綜上，筆者歸納促進園家關係策略共有三面向七個策略：(1)入園措施——入學前歡迎與導入；(2)平日關懷與互動——持續雙向與多樣溝通、進行親職教育、協力合作與決策、與社區合作；(3)課程與教學——歡迎家長入班參與、連結於在家學習。

　　綜論之，家長參與或園家間夥伴關係是當今教育趨勢，諸多理論、研究與教育文件均支持園家合作關係，甚至是現場教學實務也相輝映，因此園家合作關係有其必要性，尤其在實施探究取向主題課程的幼兒園，如何與家長共舞、密切合作，以利課程落實，乃為關注重點。而從文獻歸納中知悉促進園家關係的策略涉及三面向：入園措施、平日關懷與互動、課程與教學，共七個策略，其中與社區合作亦可歸於課程與教學面向中，即與社區合作涉及兩個面向（表 7-2-1）。綜觀這些策略，約大體適用於個案幼兒園中，從第四點落實之道中之個案研究發現可以窺知。

表 **7-2-1**
文獻歸納之園家關係策略

面向	園家關係策略
入園措施	入學前歡迎與導入
平日關懷與互動	持續雙向與多樣溝通
	進行親職教育
	協力合作與決策
	與社區合作
課程與教學	與社區合作
	連結於在家學習
	歡迎家長入班參與

四、探究取向主題課程落實之道 II：園家關係層面

探究取向主題課程涉及探究教學、統整性主題課程與萌發式課程發展，在本質上與一般課程或教師主導的傳統課程不太相同。根據以上，幼兒園平日就要與家長建立合作關係，尤其是在進行課程轉型或創新時，更必須取得家長理解與之密切合作，方能成功，否則在家長質疑與不信任氛圍中，教師面臨強大壓力，難以施展。值得注意的是，在當今社會下，仍有多數家長持有「望子女成龍鳳」、「不要輸在起跑點」的信念，認為幼兒園應教導讀、寫、算，以為入小學做準備，致使園方必須面對廣大家長的學業要求，在理念與現實間與家長周旋共舞，特別是在私立幼兒園（劉慈惠，2007）。確實過去實徵研究顯示：多數幼兒園依賴坊間教材與各式簿本，重視讀寫算教學（周淑惠，1997；教育部，2002；簡茂發、郭碧唫，1993）；近年來在臺灣雪上加霜的是，由於「少子化」的社會現象，使得私立幼兒園深陷生存危機中，倖存者為求生存，多半取悅家長、隨波逐流，漠視幼教專業與品質（吳珍梅，2007）。

職是之故，與傳統教學精神不同的探究取向主題課程若要真正落實，園家關係經營不可忽略，如何在和諧與緊密的關係中，傳達理念並協同合作，使家長信服探究取向主題課程的價值與必要性；也讓園方於主題課程中借重家長專長，共同教育幼兒，成為當務之急。以下以筆者輔導的實施探究取向幼兒園的個案研究（周淑惠，2017b，2017c）為例，說明筆者所主張的園家關係樣貌與可運用策略，即該個案園所如何與家長共舞，卻不流失專業理念並能實施優質課程，以及與家長共舞的實際狀況，以供有心進行課程轉型或創新之幼兒園參考。

（一）建立感性與理性兼重之園家夥伴關係

探究取向主題課程基於社會文化論，強調學習社群、親師生共構的「家園共育」。然而當代許多父母把孩子送到幼兒園後，就認為孩子的教育是幼兒園的責任；再加上「不要輸在起跑點」觀念使然，要求幼兒園讀寫算教學，以致私幼園家關係淪為順服家長期望的「商業利益」考量（吳珍梅，2007）。在這樣的社會情境下，實施主題探究課程的園所，當在全園建立共識與願景並朝目標邁進時，家長方面也要用心經營，否則反成為負面的掣肘力量。

吾人以為面對此種社會情境在經營園家關係時，園方必須交織運用感性關懷與理性專業策略，溫和而堅持地與家長共舞。進而言之，感性關懷是理性專業的基礎，當園方是真正關懷幼兒，一切以愛為旨時，通常家長較易接受園方專業與理性的建言；而交織運用感性關懷與理性專業，溫和而堅持地與家長共舞，最終的目的是要建立園家夥伴關係，共同教育孩子。個案幼兒園的園家關係即是反映了此種如親人般的專業並肩夥伴，夥伴雙方都是各具有專業的，彼此尊重，且有如親人般的關懷、信任，其共同事務是並肩合作一起照顧與教育他們的孩子。以下兩位園長訪談之言，即充分顯露此一精神。

> 父母是孩子一輩子的老師，園家合作，家長你也要在家做到要做到的、彼此分工，並非只有他要求你，你就一味要順從。

> 我們把家長看做真的是合夥人，我們一起來照顧小孩。我們很努力地不要把它變成是到學校後就把小孩丟學校

> ……。其實很多家長應要有責任或只有家長做得到的，如果
> 喪失這一塊，其實對孩子是不利的，而且效果也不好……。
> 父母是孩子的環境，要影響孩子的環境，在成為夥伴過程
> 中，影響家長的教養方式，把正確理念傳給她。真心為孩子
> 好，像跟家長說這方法有效，我們一起做做看，我們一起往
> 孩子方向前去。

　　簡言之，夥伴雙方在教育幼兒上都必須盡責的、是並肩共同教育，而
且是相互尊重、共同合作的。在成為夥伴的過程中，園方因是幼教專
業，會秉其專業所長，試圖以教養訊息支援與影響家長在家正確教養；
在另一方面，園方也是在如親人般關懷的感性基礎上，信任與借重家長
專業或專長，於主題課程或其他活動需要時，歡迎家長入班貢獻專業或
專長，或是以學習單延伸課程於家，讓家長與幼兒共構。以下則分兩部
分說明園家間的關係樣貌。

1 如親人、關懷的並肩夥伴

　　吾人以為，夥伴關係應像是親人般的溫暖關懷，呈現感性的一面，有
如個案幼兒園本園邢園長自述園家關係是如同家人一樣。她把家長當自
己的弟妹，請老師將孩子視如己出。遇事會像對家人或自己小孩般地站
在為孩子著想的立場去關懷與勇敢溝通；而家長大都願意接受正確教養
觀，而且她自己也較能接受家長的意見，雙方共同努力合作教育幼兒。

> 　　像這一塊，我都會把她當自己的弟弟或妹妹，把她當自
> 己人。就像我會跟老師說，你怎樣成為一個成功的老師，要
> 將孩子視如己出，你覺得會對你自己的孩子做什麼、不會做

什麼，就照著這麼做就對了……。對家長真的是當自己人，出發點一定是關懷……，當自己小孩看待，心裡由衷去同理、去設想，這孩子就是自己弟弟妹妹的小孩，就容易勇敢說出實情，該要調整的部分，就會很敢說，她感受到溫暖也會願意聽，而且家長也會把你當自己人……。或是她批評我，我也容易接受，突然間都原諒她了。真的關係到了，一切盡在不言中。

重要的是，老師們也都能體會邢園長之言，盡量配合做到，從內心愛孩子，老師猶如孩子在園裡的媽媽一樣，將幼兒視如己出般地互動與關照，自然贏得家長的信任，可以說是園家一起共同照顧孩子，以下是兩位老師訪談之言。

平日的互動如果是把孩子視如己出，就會像父母一樣看到孩子許多的優點。孩子願意聽你的話，他也會回家說對老師的感受，家長看到孩子的反應，就會放心，自然容易建立關係與合作。如果與家長一樣愛孩子，就會關係好……。課程很重要，平日互動更重要，孩子跟你之間相處的感覺，它傳達的是更無形的，家長自然感受得到。

班上有小孩直接叫我媽，我也常抱抱她們，讓她們撒嬌，有時好多一起來，抱都都抱不完……。一開始她進來，會哭哭，說要找媽媽，我就說媽媽在這邊啊，她就開始叫我媽媽……常黏著我。

　　從幾位家長的訪談內容中，也確實看出個案園所園家關係之密切，有如家人般，教師都能做到邢園長所說的視如己出，以愛與用心聯繫彼此，溫暖如家，讓家長非常放心。

> 　　老師很愛我的孩子，我兩個雙胞胎爭著說：「我是 CC 老師的寶貝」、「我是 NN 老師的寶貝」，而且昨天老師還傳給我孩子睡覺時的可愛照片（意指用手機 Line 傳送）……蠻像家人，讓我很放心，開心、難題都會相互分享。

> 　　很溫暖像家，老師很關心孩子，本身很有耐心。記得孩子拉肚子……。感覺老師很用心，一般學校不容易見到真心愛孩子的老師……。老師曾經被她弄到全身烏青，因為一開始孩子分離焦慮哭鬧掙扎時，老師一直抱著安撫……。因分離焦慮有時別班老師也會支援，最後也能放心跟別班老師上去或抱抱，既然能夠跟別班老師相處，可能大部分老師都是如此。

> 　　一般如果沒有對孩子有熱情的老師，要不是把她當自己的孩子，怎會快跑過來？就端著咖啡慢慢走啊！這讓我們很感動，老師是把孩子當家人看待的……。重要的是，放心是長久建立起來的，他們提到老大現在陪妹妹來園時，看見老師、園媽還會張開雙手開心叫（Y 爸爸的發言）……。印象最深的是，爸爸尾隨班上去動物園校外教學，從遠處觀察老師一路悉心照料像是坐下休息、喝水、搧蚊子，而且耐心地跟每位孩子說話，讓他覺得老師是把孩子當自己小孩看待，

這樣的耐心、細心照顧，有時連家長自己都做不到（Y媽媽的發言）。

② 具專業、信任的並肩夥伴

園家間關係也必須呈現理性面向，夥伴間各具專業，在愛與關懷感性基礎上，彼此尊重與借重，才能讓理性專業在感性關懷的滋潤與包容下，得以彰顯，真正達到協同合作的境界。在幼兒教育與保育上，園方較為專業，對並肩教育孩子事宜，總能發揮影響家長作用，引領家長正確教養；在其他各領域上，家長則較為專業，因此園方可借重其專業或專長，依課程主題所需，邀請家長進班教導參與主題課程或延伸課程於家。雙方相互尊重、信任，共同照顧孩子，表現具專業、信任的並肩夥伴關係；然而此專業、信任的理性關係，是建立在如家人般關懷的感性面向之基礎上，若無愛與關懷，園家彼此擁有的專業均無發揮與落實之處。個案幼兒園的家長均很滿意個案幼兒園所表現的專業度，如以下T家長所言。

專業與放心是四年來沒轉走的原因，唸四年，我女兒的表現可能贏過其他國中生，像是在表達、自信、解決問題……。與課程有很大的關係，課程裡會提問、發想、溝通、表達、解決問題，或許注音符號不如人家，但是人際關係、解決問題方面很成熟。他們可以報告、找資料，在課程實踐上很棒，這個課程是跟學生有關的，不是說上完後老師最清楚，學生完全不知。四年下來眼睛是被打開的。這孩子沒來這裡就不會這樣，老師很用心，園方也是。

也有家長從園方平日互動中，肯定園方專業表現：「太多父母不知如何育兒，他們（指老師與園方）會抓住各種機會隨時溝通，好像在做親職教育，很專業！」此外，家長對各班兩週出刊一次的主題課程雙周報印象，都很深刻，覺得老師很專業、用心。從事幼教工作的 W 家長說：「從周報裡可以看到老師用心記錄孩子在課程裡學到什麼？運用哪些能力？主題進行的步驟、接下來的發展等，對不是學幼教的家長，可以幫助他們了解孩子的發展狀況。」國中教師 T 家長說：「老師都很用心與專業……。信任老師專業的一面，我從他們身上學到好多，帶給我自己很大的反省。」

總之，園家間的關係有如親人般的專業並肩夥伴，是在如親人關懷般與信任彼此專業中，共同合作教育幼兒的。而感性關懷是理性專業得以發揮的基石。關懷加上專業，帶來園家間的信任，並促進園家間的合作夥伴關係。

（二）運用多元且持續溝通的園家互動策略

園家間關係如同朋友關係、夫妻關係一般，皆須用心經營才能親密與持久，而經營之道如前探討文獻，是有策略的。個案幼兒園園家間關係是「有如親人般的專業並肩夥伴」，含感性面與理性面，然而這理性與感性交織的專業並肩夥伴，是有賴用心經營才能持續維繫正向關係。根據筆者分析園方為促進園家關係所運用的全方位互動策略，有四個方面：(1)入園階段；(2)平日關懷與互動；(3)課程與教學；(4)服務上的方便與優惠，共計八項策略（周淑惠，2017b，2017c）。

將個案幼兒園園家關係經營的四個面向八項策略與文獻歸納結果對照，有如表7-2-2所示。灰色字體的策略，表示該項策略只有黑色部分對應。由表可見，整體而言個案幼兒園與文獻歸納的園家關係策略大部分對應，也有部分欄位沒有相對應的策略（即空白處）。其中的「一切活

表 **7-2-2**

個案幼兒園園家關係策略與文獻歸納之對照

策略面向	文獻歸納之園家關係策略	個案幼兒園之園家關係策略
入園措施		對談、篩選家長並持續溝通
	入學前歡迎與導入	對談、篩選家長並持續溝通
平日關懷與互動	持續雙向與多樣溝通	重視日常面對面關懷與溝通 秉專業與關懷行孩子為旨之互動
	進行親職教育	重視日常面對面關懷與溝通 秉專業與關懷行孩子為旨之互動 一切活動以幼兒與教育意義為考量
	協力合作與決策	適度開放、家長參與及延伸學習於家
	與社區合作	於探究取向主題課程中顯現部分
課程與教學	與社區合作	於探究取向主題課程中顯現部分
		一切活動以幼兒與教育意義為考量
	連結於在家學習	適度開放、家長參與及延伸學習於家
	歡迎家長入班參與	適度開放、家長參與及延伸學習於家
		以雙周報與歷程展呈現幼兒進步與重要能力
		回應家長需求但以統整與彈性方式為之
服務上的優惠與方便		提供服務上的方便與優惠

資料來源：研究者自行整理

動以幼兒與教育意義為考量」亦可歸於課程與教學，即涉及兩個面向。
很明顯地，個案幼兒園所運用的四項策略：(1)對談與篩選家長；(2)以雙
周報與歷程展呈現幼兒進步與重要能力；(3)回應家長需求但以統整與彈
性方式為之；(4)提供服務上的方便與優惠，在文獻歸納中並沒有出現
（文獻處欄位空白），其可能原因是個案幼兒園為私立幼兒園之故，在彰
顯理念之際，也需特別關照家長的需求與在意點，如孩子的進步、學習

期盼與服務等。而個案所運用之「一切活動以幼兒與教育意義為考量」策略在文獻歸納的課程與教學層面，亦未出現，僅部分對應於平日關懷與互動中的進行親職教育。另一個發現是，個案幼兒園沒有出現文獻歸納所顯示的園家共同決策策略，以及並未特意將社區合作視為園家關係策略，即未有系統、計畫地進行與社區合作事宜，只有配合主題探究課程而顯現部分關係。

1 入園措施：對談、篩選並持續溝通

所謂入園係指從家長與園方第一次接觸始，到開學之初的親師座談會階段。探究取向主題課程的理念與實務不同於其他課程型態，因此建議欲實施探究取向課程的幼兒園，盡量能於對談後適度篩選家長，並持續溝通，最終期能形成夥伴關係。所謂篩選家長意指，明白表明幼兒園較重視的是孩子帶得走的探究能力，而非較低認知層次的讀寫算教學；至於讀、寫、算會以統整方式在主題課程中自然學習，或是以其他彈性方式學習，讓來訪的家長了解並決定就讀與否。對私立幼兒園而言，篩選家長似乎有現實上的考量，但這樣的表明不僅讓家長較少期待傳統的讀寫算教學，而且也開啟專業與理念的對話，有些家長較為開放，能意識自我理念的缺失並調整，改變是有可能的。故而建議私立幼兒園於首次家長來園參觀時，就能花時間與家長對談，從對談表明園方理念中，可以清楚了解家長的理念，有必要時並做適度篩選。

個案幼兒園在家長初次來園時，就花許多時間向家長介紹園方與對談。根據兩位園長所言，園方很希望來園就讀的家長是具有相同理念的，日後才易於並肩教養孩子，真正成為夥伴；因此在家長第一次來園參觀時，園長或行政接待老師會先對個別家庭不厭其煩地解釋、說明園方的理念、課程與所重視的探究能力，並同時確認家長的理念。若家長明確表態讀寫算或英文是最重要的學習目標，就會明確告知本園可能不

符其需求，甚至幫忙介紹其他以讀寫算或英文教學為號召的幼兒園，此舉反而讓家長覺得園方和坊間一般幼兒園千方百計招攬學生的態度，非常不同，而決定入學。可見來園家長能感受園方重理念與品質、非商業掛帥的經營態度。但是邢園長對理念迥異家長決定選擇入園一事，認為：「問題還是在，因為他繳學費，你就要做到他的要求，所以我還是婉轉地以沒有名額拒絕。」她強調一開始寧缺勿濫、找到志同道合者以成為日後夥伴的重要性，否則「削弱老師的能量，日後會花許多時間來解決問題的狀況。」

　　雖然招進來的家長「大體上」都認同園方的理念，但未必如園方般的「堅信」，因此幼兒園仍應利用日常各種機會、活動、書面資料等持續地互動溝通，不僅在維繫情誼，而且也在強化家長專業理念，以日漸獲取堅定認同並成為真正的夥伴。個案幼兒園的作法是在確定入學後到開學前，開放新生與家長隨時來園遊憩，並讓家長與幼兒特地來園拿取新書包，主要目的在於互動與觀察，增進彼此理解。而開學後第一個比較大的溝通機會是「親師座談會」，除一般生活注意與配合事項外，會跟家長再次強調園方共同教養幼兒的理念，再申以幼兒興趣為課程發展基礎的想法，並介紹開學至今探究取向主題課程的發展狀況與今後擬探究方向。如圖 7-2-1. 是親師座談會中，教師向家長介紹幼小銜接有關注音符號、數學的學習，是透過主題課程與教具操作自然學習的；圖 7-2-2. 是園長、老師與家長間對談注音符號教學，一位剛入學的中班家長憂心孩子注音符號跟不上，問老師可否改變不教注音符號的作法，未待老師回答，就分別有三位家長加入對談，溝通理念並支持園方作法。

② 平日關懷與互動

(1)重視日常面對面溝通與關懷

　　平日面對面溝通與關懷十分重要，因為見面或多或少總會拉近距離或

圖 7-2-1. 親師座談會幼小銜接溝通　　**圖 7-2-2.** 親師座談會注音符號教學對談

促進情誼。個案幼兒園也非常重視面對面溝通與關懷，鼓勵老師於接送時間盡可能撥空向家長分享孩子的生活及溝通（圖 7-2-3.、圖 7-2-4.）。若沒有在接送時間溝通，一定要設法以電話聯繫，像是坐娃娃車小孩的家長。就此，幼兒園有親師聯繫登記表，供老師自我檢視與家長的接送面談或電訪次數，確保所有老師跟每一個家長有一定程度的聯絡。每日放學時間老師聽到行政老師廣播後，會視需要牽著孩子出來面見家長，或是園長直接跟家長溝通，在愛與關懷中達分享、溝通或潛移默化家長的目的。誠如以下 B 家長所言。

最大印象是老師用笑容迎接孩子……。在這裡老師都是笑臉迎學生，公幼老師孩子來了就來了，較沉靜，自己在國小看到附幼的老師都是如此。比較特別的是，老師與行政團隊叫得出孩子的名字，常在門口前庭院溝通孩子的狀況，以孩子發展角度、教育角度做理性與柔性溝通。

圖 7-2-3.　放學時親師溝通　　　圖 7-2-4.　放學時親師溝通

(2)秉專業與關懷，行孩子為旨之互動

　　除了日常見面關懷與溝通建立情誼外，在所有時機、活動、事件的互動上，均應秉持理性專業與感性關懷，以孩子為中心考量。個案幼兒園老師都在星期一、三、五寫、發聯絡本，邢與龍園長兩人都在星期二、四閱讀全園各班聯絡本。而各班的聯絡本除共通事項，如通知、主題雙周報 QR 碼、親子共讀圖書借閱（圖 7-2-5.）等以另紙打字黏貼外，教師大多會針對個別幼兒在園生活狀況書寫，如生活適應問題、飲食問題；或者是書寫與課程及教學相關事項（如圖 7-2-6. 說明主題中自然融入注音符號教學）、親子主題學習單提醒等；甚至會對家長回饋再加以回應，幾乎每本聯絡簿老師的欄位，都是滿滿的文字。

　　除放學時間盡量見面溝通、隔天定期發送的聯絡簿外，家長有問題時則是盡速處理與溝通，如 W 家長提到教師回覆訊息的速度很快，她若有疑惑常將這些問題貼在孩子的午餐袋上，老師就會立即打電話，或在當

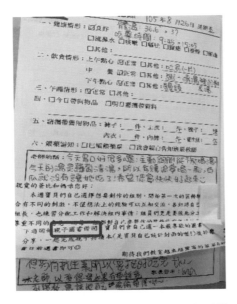

圖7-2-5. 聯絡簿中有關親子圖書借閱

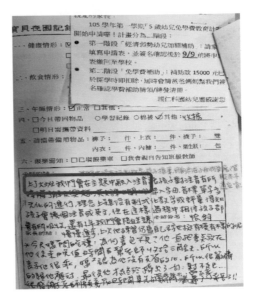

圖7-2-6. 聯絡簿中有關注音符號於主題中自然融入

天接小孩時特地面見解說。誠如Y家長言：「在這裡不管發生什麼事，都會在接送時溝通或聯絡本上寫，老師處理方法、過程、講解，都讓我們很放心。聯絡簿不是只是貼貼⋯⋯老師如果是打樣板，我們也是看得出來啊！」

站在理念與專業上，一切以孩子福祉為考量，進行互動與溝通，B家長曾經比較兒子之前所讀的企業附屬幼兒園與女兒就讀的園，深深感覺個案園的互動非常不同：「可能是企業附屬園，幼兒園沒有招生壓力，不是很願意互動，若是有疑問提出，園方都是在澄清、解釋、防衛性高。」然而在互動中園方也會適度表達堅持，並不會完全順服家長的壓力。邢園長曾提到某位家長對孩子混齡分班結果不甚滿意，示意要轉到他園，甚至請教育當局出面關說，她還是堅持其孩子分到原班，不斷溝

通，因為該幼兒雖然認知能力表現尚可，但是使用剪刀等手眼協調基本能力仍有待練習，因此不宜分到大班。可能是平日以關懷與愛為基礎，以孩子為考量的專業暨理性的溝通，才有可能被家長接受與信服。

> 　　站在孩子立場上，對孩子沒好處的事，我為何還順應？！……。我突然發現，當我堅持的時候，這些家長反而不走。真的，看待一切事情是要以孩子的需求為主。

(3)一切活動以幼兒與教育意義為考量

個案幼兒園堅持一切活動以幼兒及教育意義為考量，雖然亦屬於課程與教學面向，它其實也是在進行親職教育，在一次次活動中，向家長傳達活動的舉辦旨在考量教育意義的理念；而且活動盡量於平日或課程中統整實施，假日是親子互動時間。

(4)適度開放、家長參與及延伸學習於家

適度開放、家長參與及延伸學習於家顯示了園家雙方是協力合作的，此部分已於第一節之「讓家長看得見孩子的學習成果」中論述，在此不再贅述。

❸ 課程與教學

在課程與教學方面，要盡量以幼兒福祉為重，做出有品質的課程，並以家長參與課程及延伸學習入家方式，做到親、師、生共構；此外也要讓家長了解孩子的學習成果，才能讓家長了解與信服主題探究課程之美；當然也要適度與彈性回應家長需求，在維繫良好關係中，達潛移默化之效，亦即應採行四項互動策略：(1)一切活動以幼兒與教育意義為考量；(2)適度開放、家長參與及延伸學習於家；(3)以雙周報與歷程展呈現幼兒進步與重要能力；(4)回應家長需求但以統整與彈性方式為之。而個

案幼兒園的互動策略基本上大致反映以上四項策略，其中「適度開放、家長參與及延伸學習於家」、「以雙周報與歷程展呈現幼兒進步與重要能力」已於第一節「讓家長看得見孩子的學習成果」處論述。此處僅論述第一點與第四點如下。

(1)一切活動以幼兒與教育意義為考量

首先個案幼兒園堅持一切活動以「幼兒福祉為要、教育意義為重」，堅持一個年度只有畢業典禮一次大型活動，因為園方認為若要提供家長快樂觀賞的大型表演活動，就會要求練習以達整齊劃一的表演效果，造成幼兒極度疲累或不快樂的現象；而且各項活動安排都在平日時間，不犧牲幼兒的假日，像是期末主題歷程展，舉辦時間是下午四點半後家長來園接小孩時間。至於年節活動的安排，根據研究者分析，有幾項原則：(1)在上課時間舉辦，幼兒不必辛苦犧牲晚上或假日時間；(2)盡量結合幼兒的課程活動，或落實於平日課程中；(3)必須賦予教育意涵或對幼兒有益。

今天孩子要上去表演，他必須花很多時間練習，但練習這件事的意義到底在哪裡？它只不過要滿足你們要看到？到底你看的是什麼？還是你真的要他們很劃一地比出動作？可是在我們學校不期待孩子花太多時間做這種練習，所以我們只會上一次臺，一年一次！家長問 Xmas 沒有嗎？我說我們會出去報佳音，真的也會讓孩子做應景的事情，好比是會在當天早上去幫助我們主題完成的一些店家，我們會去感謝他們，這學期你們真的讓我們問很多問題，也協助我們解決很多問題、困難，所以我們會去感謝他們，送上我們的祝福卡片，或者是一些口號祝他大吉大利……恕我們沒有辦法在晚

上辦晚會，因為孩子真的上了一天課，這麼樣辛苦，我們來配合孩子時間啦！

我們母親節活動就維持一個月，安排許多家事闖關活動，每個班小孩出自己班到別班闖關，如這個班搥背、那個班摺衣服、掃地。每個小孩闖完關就得到一張闖關卡，一直維持到五月底，你要回家要對你媽媽做出這些事，給媽媽做簽證……。所以小孩是天天要做出這樣的事，而不是那一天表演給你看，讓你可以拍照、讓你開心一下，可是過掉後什麼都沒有。

(2)回應家長需求但以統整與彈性方式為之

回應家長需求但以統整與彈性方式為之係指回應家長讀寫算需求，但是方式卻是統整與彈性的。園方所重視的是高層次的認知能力，如預測、推論、表達、溝通、解決問題等，因此主題探究課程是孩子學習的主軸。而看待讀寫算則是孩子的準備能力之一，並非唯一的能力，且重點也不同，在強調統整學習下，通常是在幼兒所探究的主題課程中自然地涵蓋各領域相關知能，如數學概念、兒歌、認字或注音符號等；至於英文則是配合主題課程進展的，英文教師必須請教班級教師本週主題課程的進度，以決定上課的內涵。

然而，為回應家長關注，除在主題課程中統整教學外，也會彈性地利用早上全數幼兒尚未到齊的零碎時間與下午放學接送前的短暫時間，進行與主題相關的讀寫算操作性活動，包括如數學教具操作、國字剪貼，還有與主題相關的注音符號、兒歌、唐詩的配對等；而且不免俗套地，

園方還是有體能與奧福音樂課，但絕非是課程的主體。因此，各班老師每兩週除了專門記錄與整理主題課程的雙周報外，也會把這些家長所關注、與讀寫算較為相關的學習內涵，加以整理成完整的「學習紀錄」，並於後頁附有家長回饋欄，也是與家長持續溝通的方式之一。而到了學期末，這些回收的學習紀錄則會整理成個別小孩的學習檔案，帶回家中。

　　　我們其實是配合主題做一些語文學習單，如自編童詩童謠讓他鏤空幾個字，讓他練習等。像主題研究打籃球，我們把打籃球認知東西做成圖片跟國字，讓孩子在早上操作時間剪剪貼貼。你會發現家長看到了就很放心，他發現也有一些認知，但這是配合主題的。就像我們英文老師是配合各班主題，兩位老師都要問每班老師下堂課要教什麼，是完全結合主題內容。而且花的時間都不長，八點二十分晨間操作到九點大家都來了，還有四點到五點，早上晚來還沒做完的小孩可利用這段時間，是利用零碎時間，整個來說是統整的，是專業的。

　　綜觀在整體課程與教學面向的策略，都是在原有目的外，也藉機向家長持續溝通教育理念。例如兩個星期出刊一次、深入報導與分析主題課程進展與孩子所獲能力的「主題課程雙周報」，以及家長較關心、與讀寫算較相關但強調統整且彈性學習的「學習紀錄」。而主題課程進展的同時，各班以「親子主題學習單」或親師聯絡簿請家長在家配合親子共做活動，讓園內主題課程與活動延伸於家中；此外也配合主題課程需求，邀請具相關專長的家長進班參與或教導；最後還有統整整學期主題課程、邀家長參與的「期末主題歷程展」等，這種種活動或機會都是持續

在溝通園方的教育理念，以漸成夥伴關係。誠如龍園長言：「用這一次次機會，家長學著跟學校相處、學著用學校角度看孩子，更加了解我們的理念，也讓家長看見我們重視家長所重視的。」

④ 服務上的方便與優惠

私立幼兒園在營運上是自負盈虧的，雖然在感性、關懷的基礎上，用心地秉持專業辦學、持續溝通理念，但也需要多方考量、關照對家長的服務，否則難以營運生存。因此園方在專業上除以幼兒需求掛帥、一切溝通或措施以幼兒為旨外，也很重視並肩夥伴的需求，盡量站在親人關懷立場上給予考量或方便。舉例而言，T 家長有一位女兒與兩個雙胞胎，平日假日帶三個孩子不可能走遠，園長就提供她假日就近方便，自由使用園方遊戲場設施。或者是任何幼生暑假無法就讀，園方一定會退還費用；甚至正常上課期間請假一星期，園方也會適度退費。再如老師也會主動服務，有些老師與家長關係較為親密，會視家長需求個別提供額外的課後照顧等。

> CC 老師也給家長好大的方便，因我兼行政要出差，她會到家來接或假日帶姐姐出去玩；我也常開會到很晚，她會陪她吃晚飯再帶回家給我……。蠻像家人，讓我很放心，開心、難題都會相互分享。

總之，以上四面向八策略是實施探究取向主題課程個案園方之園家關係經營策略，它基本上是以感性關懷為基礎，交織著理性專業，以行持續溝通園方理念目的，期能形成夥伴以共同教育幼兒。從招生滿額且須排隊現象，顯示家長持續支持園方，感性與理性交織的園家關係策略是奏效的。

8 探究取向主題課程之結論與建議

本 書共分八章闡論探究取向主題課程，包括介紹什麼是探究取向的主題課程，提出世界各地探究取向主題課程之實例，論述其倡導理由與理論基礎；並且進一步探討探究取向主題課程之運作考量與原則，以及針對兩大類的探究取向主題課程：預設的、萌發的，以筆者所輔導的幼兒園課程為例，探討其具體的課程與教學實務；最後亦以此一個案幼兒園為例，論述探究取向主題課程具體落實之道，包含園方內部整體層面如全面進行專業成長與課程領導等，以及園家關係經營層面。以下則歸納本書之結論，並依據結論提出具體建議，期能達拋磚引玉作用，掀起理論與實務間連結的漣漪；此外，面臨時代劇烈變遷、高度競爭的人工智能時代，也深期實務界能在道德使命下，依據在地特色與優勢，落實具有園本特色的探究取向主題課程，以培養能適存於未來世代的公民。

第一節　結論

本書各章各有其重點，經歸納將重點整理如下：

①　主題課程具探究與統整性，然多被忽略，遂冠探究之名以區分

主題課程通常是師生共同選定與生活有關且含涉多學科面向的議題或

概念，做為學習之探討主題；並設計相關的學習經驗，試圖「探索」、「理解」該主題，且「解決」探究過程中的相關問題，以統整該主題脈絡相關的知識與經驗。因此，「探究」為主題課程的內在固有特性，幼兒在主題歷程中，除一面運用探究能力外，也一面發展與運用學科及主題相關知能，自然模糊了學科界線，達到整合的作用。然而為了別於坊間主題課程與單元課程混淆，缺乏探究成分、也未做到有意義統整的現象，筆者遂特意強調運用「科學程序能力」（觀察、推論、記錄、查閱資料、驗證、訪談、溝通等）於主題課程中，並冠上「探究取向」四字，以凸顯所推崇的是具有探究特性的主題課程（簡稱主題探究課程）。

❷ 探究與遊戲共生、為創意平臺且充滿 STEM 經驗，符教育趨勢

探究是求知、解惑的方法，是終身學習的能力，對個體十分重要。無論是遊戲、生活事件、自然環境、操作性物體等，皆可運用觀察、推論、預測、驗證、溝通等求知探究的方法，一窺究竟或解決其中問題，包含遊戲扮演中的問題。事實上遊戲與探究也經常相互伴隨、有機結合，重要的是探究與遊戲相生後，提供創造力發展的平臺，是幼兒創意展現的前奏曲，值得推崇，也符合各國教育趨勢。此外，探究取向的主題課程在與生活相關主題的探究歷程中，充分運用科學、技術、工程與數學四項領域知能，解決相關問題，富有當前世界各國大力推動的 STEM教育豐富經驗，具有時代意義。不過吾人以為，探究取向主題課程著眼於全人發展，重視知、情、技均全統整更多的學科領域，比 STEM、STEAM、STREAM 等更為廣泛，更能培育符應未來社會「Stempathy」工作所需人才。

❸ 強調「探究」的主題課程已在世界各地爭鳴，且各具特色

探究取向主題課程並非新的課程模式，只要是強調探究特性的主題課

程，均屬之，例如以孩子的一百種語言著稱的義大利瑞吉歐經驗，以深入探究某一議題知名的美國方案教學，還有臺灣許多強調探究精神的幼兒園主題課程等皆是。然而這些不同地區的探究課程，各自精采、各具特色。例如瑞吉歐經驗立基於社會文化論，將幼兒置於整個社會文化情境中，相當重視與社區結合的社群共構，並彰顯幼兒一百種語言的表徵，以及將文檔紀錄做為改進教學的平臺；而筆者輔導的幼兒園也基於社會文化論，經營感性關懷與理性專業交織的園家關係，在親、師、生共構下，幼兒運用探究能力與語文心智工具，教師隨伺並搭建鷹架，家長則以多元方式參與課程並「看得見」孩子的學習成果。兩種課程的實質表現視其社會文化與在地特色而異，確有不同。

④ 主題探究課程因應未來社會情境需求而提倡並立基於社會文化論

　　面向 21 世紀素養的課程、教與學強調：跨學科主題課程、基於真實情境的問題與方案（項目）教學，主張探索真實情境中的問題；就此言，本書所倡探究取向主題課程極為反映面向 21 世紀素養的教育。的確，在面對人工智能時代的多變與競爭局勢與多數工作將被取代下，世界各有力機構如 21 世紀技能聯盟、聯合國教科文組織等以及學者們，均提出個體必須具備探究能力，以探知所面臨情境之究竟，並設法解決問題與找出創新發展的「可能性」。當前各國政府推動的 STEM 教育，也是以探究為精神，強調解決問題的教學；亦即 STEM 教育與探究取向主題課程共享探究性與統整性重要精神，探究取向主題課程實符應未來社會情境需求。

　　再從課程發展基礎而論，各幼兒園必須綜合考量園所的理念與教育目標（哲學），幼兒發展與學習特性（心理學），並考量課程發展之歷史立意與園方在地歷史和特色（歷史），以及時代進展趨勢與整個社會之教育目的（社會學）。不過身處於當代與未來變化動盪、激烈競爭的人工智

能社會裡，培育具有探究力能面對問題情境解決並創新的幼兒，可能是各幼兒園必須加大比重或優先考量的重點培育目標；因為教育是具有神聖的道德使命的，必須對即將生存於未來情境的幼兒負責，面對新的社會情勢，各園教育目標也要與時俱進接受新時代的檢驗。至於本書所提倡的探究取向主題課程是基於社會文化論，強調建構知識、社群共構、鷹架引導與運用語文心智工具，均體現在本書所提供的課程與園家關係實例中。

⑤ 探究取向主題課程的實施宜分層漸進，讓師生於調適中落實

探究取向主題課程具統整性與探究性，一面運用相關知能一面發展主題相關知能，無論在哲學理念上或具體實施上，都是一個大的轉變，需充分溝通、支持與漸進實施，讓師生得以日漸調適。為方便教師落實與推廣，本書從課程與教學的兩個重要面向，即「課程設計」（預設、萌發：扮演中、生活中）與「教學引導」的表現程度（指導、共構），去構思主題探究課程的漸次實施層級，交織出兩大類：預設的、萌發的，共六種分層漸進的實施類別：預先設計與指導、預先設計與共構、從扮演中萌發與指導、從扮演中萌發與共構、從生活中萌發與指導、從生活中萌發與共構。

整體而言，預設的比萌發的課程易於實施，因已設計的現成課程可供教學互動時之參考，教師較具信心；而在現實層面對習於主導的教師而言，指導的比共構的課程似乎較易調適，在另一方面，幼兒也需時日練習探究能力與養成習慣，初始的教師指導仍為需要。當然以上分層漸進的實際階層數完全因人而異，端賴教師自己的專業知能、信念與情性水平而定，例如有些教師本身較為開放，可以從「預先設計與共構」，略過一層跳至「扮演中萌發與共構」，或是直接躍至較難的「生活中萌發與共構」。

⑥ 預設與萌發的探究取向主題課程均需設計並遵循兩項運作原則

　　預設課程需以符合幼兒需求來預定主題方向，以網絡圖設計富探究性的活動內涵；並預備情境與引起對整個主題的探究動機；相對地，萌發課程是追隨幼兒需求與興趣逐漸有機生成的，非一次到位，但並非不必設計課程，甚至過程中還必須與幼兒共繪網絡圖並標示欲探究問題。至於探究取向主題課程的運作原則有二：以評量為核心之「探究、鷹架、表徵」循環歷程；知能於主題情境「加深加廣暨統整」之探究歷程。在教學互動上，預設的與萌發的主題探究課程的三階段均需遵循此二項運作原則，而如何引起動機、教學互動、搭建鷹架與提供多元表徵等是關鍵的教學互動。

⑦ 探究取向主題課程落實之道：加速動力前進的園內三大措施

　　課程創新或轉型猶如水上行舟之舉，舟代表園方，舟上為園長與划槳的教師們，家長為舟外之浪水。就此譬喻則全舟成員均必須全面進行專業成長，才能充滿能量划駛；而舟上領導者必須建立願景與實施正向課程領導，方有明確的行駛方向與安於成長的舟內情境；此外要讓家長得見幼兒的學習成果，方能安心且全力配合舟隻前進。因此，實施探究取向主題課程之幼兒園其對內方面三大落實之道為：全面進行專業成長、建立願景與實施正向課程領導、讓家長看得見孩子的學習成果；而此三大落實之道其下各有對應之具體策略。

⑧ 探究取向主題課程落實之道：感性與理性交織的園家關係經營

　　由於少子化營運艱困，再加上當代許多家長持有「不要輸在起跑點」觀念，要求幼兒園進行讀、寫、算教學，尤其是在私幼的情境裡，以致園家關係淪為取悅家長的「商業利益」掛帥現象。的確，水能載舟亦可覆舟，在這樣的社會情境下，實施探究取向主題課程的園所，除了全園

內部建立共識、朝目標邁進外，家長方面也要用心經營，即必須交織運用感性關懷與理性專業的策略，溫和而堅持地與家長共舞，以免讓家長成為負面掣肘。此種感性與理性交織的具體策略包含四面向共八大策略：(1)入園措施：對談、篩選並持續溝通；(2)平日關懷與互動：重視日常面對面溝通與關懷、秉專業與關懷行孩子為旨之互動、一切活動以幼兒與教育意義為重；(3)課程與教學：適度開放家長參與及延伸學習於家、以雙周報與歷程展呈現幼兒進步與能力、回應家長需求但以統整與彈性方式為之；(4)服務上的方便與優惠。

第二節　建議

　　依據以上歸納的本書重點，提出實務上與研究上的建議如下。

❶ 各園宜因應時代之需與教育趨勢，實施具園本特色之探究課程

　　未來的時代是變動不安的人工智能社會，是一個講求探究、解決問題與創造的時代，無怪乎各國均出臺以探究為主要精神的教育文件或政策。教育是有道德使命的，我們所培育的幼兒將來要殘酷地面臨時代的考驗，身為教師、園長必須為孩子的福祉著想與負責。職是之故，各園要審思自己教育目標是否符合未來社會情境之需與教育趨勢，在綜合考量在地特色與優勢下，設法因應，做出具有特色的探究取向園本課程。

　　以「探究」為核心的主題探究課程是一種精神，可運用於各領域、多面向。例如在高山偏鄉的幼兒園，課程的內涵可以「探究」自然景觀與森林野地；在繁華城市的幼兒園可以「探究」城市特有現象或問題，如垃圾、高樓大廈、交通、科技發展等；而在歷史城區的幼兒園可以「探究」古蹟、特產、人文風情等。雖然探究的內涵各不相同，但是同樣地都運用了核心的探究能力，培養孩子帶得走的終身學習能力，它能運用於任何情境，可解決問題與創新發展。

　　再且，這樣的以探究為核心的課程，並不排斥各園原本的著重點，因為課程是幼兒在園內與人、事、物互動的所有經驗（周淑惠，2006），主題課程以探究為旨，生活作息中還有很多時間或是潛在課程可以進行其他所欲著重之務，例如體能運動、品格教育、美感教育等；甚至也可與主題課程自然融合，例如美感教育、生命教育等均可於探究取向主題課程中兼顧。舉例而言，在探究自然景觀或社區環境時，引導幼兒欣賞大自然之美、社區之美，或思考與解決如何讓社區環境變得更美，甚或是

讓社區更為尊重與愛惜生命；在探討動植物及與人有關的主題時，也可自然地帶入尊重與愛惜生命的生命教育，以及品格教育與美感教育。其實以上這些品格教育、生命教育、美感教育、體能運動等都應該是生活的一部分，在日常生活中落實，是一種生活取向的課程。

② 相關研究宜多加連結理論與實務，以知會實務並究課程成效

探究取向的主題課程雖然已散播四方，但相關研究仍為有限，深期研究能連結理論與實務，讓現場教師更加知道如何具體而微地落實，例如引起動機、搭建鷹架以創造近側發展區等，都是教學互動的核心，需要更多教學實徵研究的累積，以實質幫助現場教師。教育為百年大計，這類型的教學研究可為課程的實施與精進，提供方向指引，因此建議學術界宜多加投入。

其次，探究取向主題課程為各國課程文件所推崇，也是當今各國推動的政策方向，也確實有一些研究證實它的有效性，但是仍然需要相關研究繼續關注其成效。例如有必要進行長期追蹤此「課程成效」的研究——在探究相關能力、學業表現等方面；再如「成效比較」研究——比較相同課程、不同性質場域的成效，如公立幼兒園、非營利幼兒園、私立幼兒園等，或者是比較相同課程、不同地區場域或國家的成效，如城市區域、偏鄉地區、東方國家、西方國家等。吾人以為只有當理論能支援實務之需並且雙方是真正交融時，方能裨益彼此，也才能真正造福我們的幼兒，並提昇整體幼教品質。

參考文獻

中文部分

中國教育科學研究院（2017）。**中國 STEM 教育白皮書**。取自 http://mp. weixin.qq.com/s/Pjlxk3Y0WP5qdgSfh8pShw

中國教育部（2012）。**3～6 歲兒童學習與發展指南**。取自 http://www. chinanews. com/ edu/2012/10-15/4248631.shtml

中國教育創新研究院（2016）。**面對未來的教育：培養 21 世紀核心素養的全球經驗**。取自 https://wenku.baidu.com/view/c42be92608a1284 ac95043d8###

任小寧（2016）。**幼兒園探究取向主題課程及其課程領導策略之個案研究**（未出版之碩士論文）。國立清華大學幼兒教育系／所，新竹市。

江麗莉（2004）。幼兒園主題教學。載於陳淑慎（主編），**臺北市九十二年度幼稚園課程與教學專業成長書：主題教學**（頁 8-11）。臺北市：臺北市教師研習中心。

李開復、王詠剛（2017）。**人工智慧來了**。臺北市：天下文化。

沈桂枝（2014）。誰來主導學校？現代家長與學校互動關係及啟示。**嘉大教育研究學刊，33**，55-80。

吳珍梅（2007，10 月）。**學校與家庭之互動：幼兒園親師衝突中性別與權力意涵之分析**。發表於臺灣女性學學會、國立高雄師範大學性別教育研究所主辦之臺灣女性學會暨國立高雄師範大學四十周年校慶學術研討會，高雄市。

周淑惠（1997）。幼兒教師之教學行為與現況研究。**新竹師院學報，10**，23-45。

周淑惠（1998a）。**幼兒自然科學經驗：教材教法（第二版）**。臺北市：心理。

周淑惠（1998b）。幼稚園課程與教學創新：一個個案的啟示。載於中華民國課程與教學學會（主編），**學校本位課程與教學創新**（頁83-118）。臺北市：揚智。

周淑惠（1999）。**幼兒數學新論：教材教法（第二版）**。臺北市：心理。

周淑惠（2003a）。**幼兒自然科學概念與思維**。臺北市：心理。

周淑惠（2003b）。幼兒園全語文課程革新之歷程性研究。載於黃顯華、孔繁盛（主編），**課程發展與教師專業發展的夥伴協作**（頁137-179）。香港：中文大學出版社。

周淑惠（2006）。**幼兒園課程與教學：探究取向之主題課程**。臺北市：心理。

周淑惠（2008）。**幼兒學習環境規劃：以幼兒園為例**。臺北市：新學林。

周淑惠（2011）。**創造力與教學：幼兒創造性教學理論與實務**。臺北市：心理。

周淑惠（2013）。**遊戲 VS. 課程：幼兒遊戲定位與實施**。臺北市：心理。

周淑惠（2014）。**幼兒園課程領導**。未發表之手稿與 PPT。

周淑惠（2017a）。STEM 教育自幼開始：幼兒園主題探究課程中的經驗。**臺灣教育評論月刊，6**（9），169-176。

周淑惠（2017b）。**優質私幼促進家長認同並支持之道：園家關係個案研究**（未出版之教授休假研究報告）。新竹市：國立清華大學幼兒教育學系。

周淑惠（2017c，9月）。**感性關懷與理性專業的交織：實施探究課程之私立幼兒園之園家關係**。發表於國立臺北教育大學、中國幼稚教育學會、國際幼兒教育學會聯合主辦之「國際幼兒教育學會第三十八回大會」，臺北市。

周淑惠（編）（2002）。**幼稚園幼兒自然科學課程資源手冊**。臺北市：教育部。

周淑惠、鄭良儀、范雅婷、黃湘怡等人（2007，6 月）。**以幼兒興趣為探究取向之主題課程：新竹市親仁實驗托兒所的經驗**。發表於臺灣課程與教學學會第十六屆課程與教學論壇：全球化衝擊下的課程與教學學術研討會，新竹教育大學，新竹市。

張軍紅、陳素月、葉秀香（譯）（1998）。L. Malaguzzi 等著。**孩子的一百種語言**（The hundred language of children: Reggio Emilia approach）。臺北市：光佑。

張俊、張蓓蕾（2016）。幼兒園 STEM 綜合教育──概念、理念及實踐構想。**科學大眾・STEM**，**880**（12），2-5。

張斯寧（2007）。幼兒園建構主義取向的課程與教學：以臺中市愛彌兒幼兒園為例。載於張斯寧（主編），**建構主義取向的幼兒課程與教學：以臺中市愛彌兒幼兒園探究課程為例**（頁 63-81）。臺北市：心理。

張語齊（2016）。 幼兒教師於討論時間引導幼兒發展主題課程之言談**策略探究**（未出版之碩士論文）。國立新竹教育大學幼兒教育系／所，新竹市。

張衛族（2014）。臺北市立南海實驗幼兒園課程模式與教學經營。載於幸曼玲（主編），**幼兒園教保活動課程大綱的實踐：以臺北市立南海實驗幼兒園方案教學為例**（頁 19-50）。臺北市：心理。

許錦雲（2008）。幼兒園良好親師關係之探究。**幼兒教保研究期刊，創刊號**，13-29。

陳均伊、張惠博（2008）。一位化學老師實施探究教學的歷程與省思之個案研究：以火山報花教學活動為例。**師大學報：科學教育類，53**（2），91-123。

陳淑琴（2007a）。幼兒教師主題教學信念與教學行為之研究。**臺中教育大學學報：教育類，21**（1），27-51。

陳淑琴（2007b）。幼兒主題課程與方案教學。載於陳淑琴、謝銘坤、薛庭芳、林佳慧、謝瑩慧、魏美惠（主編），**幼兒課程與教學：理論與實務**（頁179-206）。臺北市：華都文化。

單文經（2001）。解析 Beane 對課程統整理論與實際的主張。**教育研究集刊，7**（41），57-89。

曾慧蓮（2007）。**幼兒科學教學模式之行動研究：以光影方案為例**（未出版之碩士論文）。臺北市立教育大學幼兒教育系／所，臺北市。

黃又青（譯）（2000）。Reggio Children 著。**噴泉：為小鳥建造樂園的活動記實**。臺北市：光佑。

黃炳煌（1997）。**課程理論之基礎**。臺北市：文景。

黃湃翔、高慧蓮、陳淑敏、黃楸萍（2014）。科學教育新熱點：科學探究學習進程。**現代桃花源學刊，4**，96-117。

黃瑞琴（2001）。**幼兒遊戲課程**。臺北市：心理。

楊月香（2016）。**幼兒園扮演遊戲萌生課程之行動研究**（未出版之碩士論文）。國立新竹教育大學幼兒教育系／所，新竹市。

楊鎮富（譯）（2002）。P. M. Senge 著。**學習型學校**（School that learn- A fifth displine for educators, parents, and everyone who cares about education）。臺北市：天下文化。

廖月娟、李芳齡（譯）（2017）。T. L. Friedman 著。**謝謝你遲到了：一個樂觀者在加速時代的繁榮指引**（Thank you for being late: An optimist's guide to thriving in the age of accelerations）。臺北市：天下文化。

臺中市愛彌兒教育機構、林意紅（2002）。**鴿子：幼兒科學知識的建構**。臺北市：光佑。

臺中市愛彌兒教育機構、林意紅（2013）。**甘蔗有多高？幼兒測量概念的學習**（第二版）。臺北市：信誼。

臺灣教育部（2002）。**全國幼兒教育普查計畫**。教育部委託專案計畫成果報告。臺北市：作者。

臺灣教育部（2017）。**幼兒園教保活動課程大綱**。取自 http://www.ece. moe.edu.tw/? p=7545

劉慈惠（2007）。**幼兒家庭與學校合作關係：理論與實務**。臺北市：心理。

劉曉樺（譯）（2011）。B. Trilling & C. Fadel 著。**教育大未來：我們需要的關鍵能力**（21st century skills: Learning for life in our times）。臺北市：如果‧大雁文化。

歐用生（1993）。**課程發展的基本原理**。高雄市：復文。

蔡慶賢（譯）（1997）。**進入方案教學的世界（II）**。臺北市：光佑。

鄭玉玲（2014）。沙子、貓咪、人。載於幸曼玲（主編），**幼兒園教保活動課程大綱的實踐：以臺北市立南海實驗幼兒園方案教學為例**（頁 203-260）。臺北市：心理。

親仁幼兒園大頭鴨班（2017）。**玩色達人主題檔案**。未出版資料。

親仁幼兒園可愛鯊魚班班（2014）。**彩虹商店主題 PPT**。未出版資料。

親仁幼兒園兔子跳跳班（2017）。**環保小創客主題檔案**。未出版資料。

親仁幼兒園亮晶晶膠帶班（2016-2017）。**亮晶晶·玩很大雙周報**。未出版資料。

親仁幼兒園哆啦A夢班（2013）。**花路米綜合醫院主題PPT**。未出版資料。

親仁幼兒園浦公英樂園班（2016）。**保持新鮮·留著回味主題檔案**。未出版資料。

親仁幼兒園彩色泡泡班（2017）。**果真奇妙雙周報**。未出版資料。

親仁幼兒園彩虹兔子班（2016-2017）。**我會做玩具雙周報**。未出版資料。

親仁幼兒園彩虹花朵班（2016-2017）。**木頭真神奇·看我變魔術雙周報**。未出版資料。

親仁幼兒園彩虹花朵班（2017）。**你農我農一起蔬情萬種雙周報**。未出版資料。

親仁幼兒園彩虹蝴蝶結班（2016-2017）。**一起坐火車雙周報**。未出版資料。

親仁幼兒園童畫色紙班（2016-2017）。**風超人雙周報**。未出版資料。

親仁幼兒園魔法愛心班（2016）。**魔法愛心運動中心主題檔案**。未出版資料。

薛曉華（譯）（2000）。L. B. Cadwell 著。**帶回瑞吉歐的教育經驗：一位藝術老師的幼教創新之路**（Bring Reggio Emilia home: An innovative approach to early childhood education）。臺北市：光佑。

簡茂發、郭碧唫（1993）。**兒童為主導的自由遊戲在臺灣幼稚園之運用**。教育部八十二年度幼稚教育專案研究計劃。臺中市：國立臺中師範學院。

簡楚瑛（1994）。**方案課程之理論與實務：兼談義大利瑞吉歐學前教育系統**。臺北市：文景。

簡楚瑛（2009）。**課程發展理論與實務**。臺北市：文景。

西文部分

Anderson, R. D. (2002). Reforming science teaching: What research says about inquiry. *Journal of Science Teacher Education, 13*(1), 1-12.

Audet, R. (2005). Inquiry: A continuum of ideas, issues, and practices. In R. H. Audet, & L. K. Jordan (Eds.), *Integrating inquiry across the curriculum* (pp. 1-15). Thousand Oaks, CA: Corwin Press.

Audet, R., & Jordan, L. (2005). *Integrating inquiry across the curriculum.* Thousand Oaks, CA: Corwin Press.

Australian Institute for Teaching and School Leadership. (2011). *Australian professional standards for teachers.* Retrieved from http://www.aitsl.edu. au/ australian-professional-standards-for-teachers/standards/list

Beane, J. (1997). *Curriculum integration: Designing the core of democratic education.* New York, NY: Teachers College Press.

Becker, K., & Park, K. (2011). Effects of integrative approaches among science, technology, engineering, and mathematics (STEM) subjects on students' learning: A preliminary meta-analysis. *Journal of STEM Education, 12* (5-6), 23-36. Retrieved from https://jstem.org/index.php? journal=JSTEM& page=article&op =viewFile&path[]=1509&path[]=1394

Bell, R. L., Smetana, L., & Binns, I. (2005). Simplifying inquiry instruction: Assessing the inquiry level of classroom activities. *The Science Teacher, 72* (7), 30-33.

Berger, E. H., & Riojas-Cortez, M. (2016). *Parents as partners in education: Families and schools working together* (9th ed.). Boston, MA: Pearson.

Berk, L. E. (1997). *Child development* (4th ed.). Needham Heights, MA: Allyn & Bacon.

Berk, L. E. (2001). *Awakening children's minds: How parents and teachers can make a difference.* New York, NY: Oxford University Press.

Berk, L. E., & Winsler, A. (1995). *Scaffolding children's learning: Vygotsky and early childhood education.* Washington, DC: National Association for the Education of Young Children.

Bodrova, E., & Leong, D. J. (1996). *Tool of the mind: The Vygotskian approach to early childhood education.* Englewood Cliffs, NJ: Prentice-Hall.

Bredekamp, S. (2017). *Effective practices in early childhood education: Building a foundation* (3rd ed.). Upper Saddle River, NJ: Pearson.

Bronfenbrenner, U. (1979). *The ecology of human development: Experiments by nature and design.* Cambridge, MA: Harvard University Press.

Bruner, J., & Haste, H. (1987). Introduction. In J. Bruner, & H. Haste (Eds.), *Making sense: The child's construction of the world.* New York, NY: Routledge.

Bussis, A. M., Chittenden, F. A., & Amarel, M. (1976). *Beyond surface curriculum: An interview study of teachers' understandings.* Boulder, CO: Westview Press.

Bybee, R. W., Taylor, J. A., Gardner, A., Van Scotter, P., Powell, J. C., Westbrook, A., & Landes, N. (2006). *The BSCS 5E instructional model: Origins and effectiveness.* Retrieved from https://bscs.org/sites/default/files/_media/about /downloads/BSCS_5E_Full_Report.pdf

Campbell, D. M., & Harris, L. S. (2001). *Collaborative theme building: How teachers write integrated curriculum.* Needham Height, MA: Allyn & Bacon.

Cecil, L. M., Gray, M. M., Thornburg, K. R., & Ispa, J. (1985). Curiosity-exploration-play-creativity: The early childhood mosaic. *Early Child Development and Care, 19*, 199-217.

Ceppi, G., & Zini, M. (1998). *Children, spaces, relations: Metaproject for an environment for young children*. Italy: Reggio Children and Comune Di Reggio Emilia.

Chard, S. C. (1992). *The project approach: A practical guide for teachers*. Alberta, Canada: University of Alberta Printing services.

Copple, C., & Bredekamp, S. (Eds.) (2009). *Developmentally appropriate practice in early childhood programs: Serving children from birth through age 8* (3rd ed.). Washington, DC: National Association for the Education of Young Children.

Couchenour, D., & Chrisman, K. (2014). *Families, schools, and communities: Together for young children* (5th ed.). Belmont, CA: Wadsworth/Cengage Learning.

Daniel, G. (2011). Family-school partnerships: Towards sustainable pedagogical practice. *Asia-Pacific Journal of Teacher Education, 39*(2), 165-176.

Department for Education, UK (2017). *Statutory framework for the early years foundation stage: Setting the standards for learning, development, and care for children from birth to five*. Retrieved from https://www.gov.uk/government/uploads/system/uploads/attachment_data/file/596629/EYFS_STATUTORY_FRAMEWORK_2017.pdf

Drake, S. M. (1998). *Creating integrated curriculum: Proven ways to increase student learning*. Thousand Oaks, CA: Corwin Press.

Edwards, C. P. (1998). Partner, nurturer, and guide: The roles of the Reggio teacher in action. In C. P. Edwards, L. Gandini, & G. E. Forman (Eds.), *The* hundred language of children: The Reggio Emilia approach: Advanced re-flections (2nd ed.) (pp. 179-198). Norwood, NJ: Ablex.

Edwards, C. P. (2012). Teacher and learner, partner and guide: The role of the teacher. In C. P. Edwards, L. Gandini, & G. E. Forman (Eds.)., *The hundred languages of children: The Reggio Emilia experience in transformation* (3rd ed.) (pp. 185-213). Santa Barbara, CA: Praeger.

Edwards, C. P., Gandini, L., & Forman, G. E. (Eds.) (1993). *The hundred language of Children: The Reggio Emilia approach to early childhood education.* Norwood, NJ: Ablex.

Edwards, C. P., Gandini, L., & Forman, G. E. (Eds.) (1998). *The hundred language of children: The Reggio Emilia approach: Advanced reflections* (2nd ed.). Norwood, NJ: Ablex.

Edwards, C. P., Gandini, L., & Forman, G. E. (Eds.) (2012). *The hundred languages of children: The Reggio Emilia experience in transformation* (3rd ed.). Santa Barbara, CA: Praeger.

Edwards, S., Cutter-Mackenzie, A., & Hunt, E. (2010). Framing play for learning: Professional reflections on the role of open-ended play in early childhood education. In L. Brooker, & S. Edwards (Eds.), *Engaging play* (pp. 137-151). UK: Open University Press.

Elkind, D. (1981). *The hurried child: Growing up too fast too soon.* Reading, MA: Addison-Wesley.

Elkind, D. (1987). *Miseducation: Preschools at risk.* New York, NY: Alfred Knopf.

Epstein, J. L. (1995). School/family/community partnerships: Caring for the children we share. *Phi Delta Kappan, 76*(9), 701-712.

Epstein, J. L., & Sanders, M. G. (2006). Prospects for change: Preparing educators for school, family, and community partnerships. *Peabody Journal of Education, 81*(2), 81-120.

Fleer, M. (1993). Science education in child care. *Science Education, 77*(6), 561-573.

Fleer, M. (2010). Conceptual and contextual inter-subjectivity for affording concept formation in children's play. In L. Brooker, & S. Edwards (Eds.), *Engaging play* (pp. 68-79). UK: Open University Press.

Forman, G. E. (1996). The project approach in Reggio Emilia. In C. T. Fosnot (Ed.), *Constructivism: Theory, perspectives, and practice.* New York, NY: Teachers College Press.

Forman, G. E. (2005). The project approach in Reggio Emilia. In C. T. Fosnot (Ed.), *Constructivism: Theory, perspectives, and practice* (2nd ed.) (pp. 212-221). New York, NY: Teachers College Press.

Forman, G. E., & Kaden, M. (1987). Research on science education for young children. In C. Seefeldt (Ed.), *The early childhood curriculum: A review of current research* (pp. 141-164). New York, NY: Teachers College Press.

Forman, G. E., & Fyfe, B. (2012). Negotiated learning through design, documentation, and discourse. In C. P. Edwards, L. Gandini, & G. E. Forman (Eds.), *The hundred languages of children: The Reggio Emilia experience in transformation* (3rd ed.) (pp. 309-336). Santa Barbara, CA: Praeger.

Fullan, M. (1993). *Change forces: Probing the depths of educational reform.* London, UK: The Falmer Press.

Fullan, M. (2016). *The new meaning of educational change* (3rd ed.). New York, NY: Teachers College Press.

Gandini, L. (2012). History, ideas, and basic principles: An interview with Loris Malaguzzi. In C. Edwards, L. Gandini, & G. Forman (Eds.), *The hundred languages of children: The Reggio Emilia experience in transformation* (3rd ed.) (pp. 50-104). Santa Barbara, CA: Praeger.

Giovacco-Johnson, T. (2009). Portraits of partnership: The hopes and dreams project. *Early Childhood Education Journal, 37*, 127-135.

Goodall, J., & Montgomery, C. (2014). Parental involvement to parental engagement: A continuum. *Educational Review, 66*(4), 399-410.

Grant, C. A., & Sleeter, C. E. (1985). Who determines teacher work: The teacher, the organization, or both? *Teacher & Teacher Education, 1*(3), 209-220.

Greenberg, P. (1989). Parents as partners in young children's development and education: A new curriculum fad? Why does it matter? *Young Children, 44*(4), 61-75.

Harlan, J. D. (1988). *Science experience for the early childhood years*. Columbus, OH: Merrill.

Helm, J. H. (2012). From theory to curriculum: The project approach. In N. File, J. J. Mueller, & D. B. Wisneski (Eds.), *Curriculum. In early childhood education: Reexamined, rediscovered, renewed* (pp. 67-79). New York, NY: Routledge.

Helm, J. H., & Katz, L. G. (2001). *Young investigators: The project approach in the early years.* New York, NY: Teachers College Press.

Helm, J. H., & Katz, L. G. (2016). *Young investigators: The project approach in the early years* (3rd ed.). New York, NY: Teachers College Press.

Henderson, J. G., & Hawthorne, R. D. (2000). *Transformative curriculum leadership* (2nd ed.). Englewood Cliffs, NJ: Prentice-Hall.

Hirsto, L. (2010). Strategies in home and school collaboration among early education teachers. *Scandinavian Journal of Educational Research, 54*(2), 99-108.

Hyson, M. (2008). *Enthusiastic and engaged learners: Approaches to learning in the early childhood classroom.* New York, NY: Teachers College Press.

Ihmeideh, F., & Oliemat, E. (2014). The effectiveness of family involvement in early childhood programmers: Perceptions of kindergarten principals and teachers. *Early Child Development and Care, 185*(2), 181-197.

International Technology Education Association [ITEA]. (2007). *Standards for technological literacy: Content for the study of technology.* Reston, VA: Author.

Johnson, J. E., Christie, J. F., & Wardle, F. (2005). *Play, development, and early education.* Boston, MA: Pearson.

Jones, E., & Nimo, J. (1994). *Emergent curriculum.* Washington, DC: National Association for the Education of Young Children.

Katz, L. G. (2010, May). *STEM in the early years*. Paper presented at the STEM in early education and Development Conference, Cedar Falls, IA. Retrieved from http://ecrp.uiuc.edu/beyond/seed/katz.html

Katz, L. G., & Chard, S. C. (2000). The project approach: An overview. In J. L. Roopnarine, & J. E. Johnson (Eds.), *Approaches to early childhood education* (pp. 175-189). Upper Saddle River, NJ: Prentice-Hall.

Katz, L. G., Chard, S. C., & Kogan, Y. (2014). *Engaging children's minds: The project approach* (3rd ed.). Santa Barbara, CA: ABC-CLIO, LLC.

Kirtman, L., & Fullan, M. (2016). *Leadership: Key competencies for whole-system change.* Bloomington, IN: Solution Tree Press.

Kostelnik, M. J., Soderman, A. K., & Whiren, A. P. (1993). *Developmentally appropriate programs in early childhood education.* New York, NY: Merrill.

Krechevsky, M., & Mardell, B. (2001). Four features of learning in groups. In C. Giudici, C. Rinaldi, & M. Krechevsky (Eds.), *Making learning visible: Children as individual and group learners.* Italy: Reggio Children and Comune Di Reggio Emilia.

Krogh, S. L., & Morehouse, P. (2014). *The early childhood curriculum: Inquiry learning through integration* (2nd ed.). New York, NY: Routledge.

Kuhlthau, C. C., Maniotes, L. K., & Caspari, A. K. (2015). *Guided inquiry: Learning in the 21st century* (2nd ed.). Santa Barbara, CA: ABC-CLIO.

Lederman, N. G. (1999). The state of science education: Subject matter without content. *Electronic Journals of Science Education, 3*(2). Retrieved from http://ejse.southwestern.edu/article/view/7602/5369

Malaguzzi, L. (1993). History, ideas and basic philosophy. In C. P. Edwards, L. Gandini, & G. E. Forman (Eds.), *The hundred language of children: The Reggio Emilia approach to early childhood education.* Norwood, NJ: Ablex.

Marcon, R. A. (1999). Positive relationships between parent school involvement and public school inner-city preschoolers' development and academic performance. *School Psychology Review, 28*(3), 395-412.

National Association for the Education of Young Children [NAEYC]. (2009). *NAEYC standards for early childhood professional preparation programs.* Retrieved from https://www.naeyc.org/files/naeyc/file /positions/ProfPrep Standards09.pdf

National Research Council. (1996). *National science educational standards.* Retrieved from https://www.csun.edu/science/ref/curriculum/reforms/nses/

nses-complete.pdf

National Research Council. (2000). *Inquiry and the national science education standards: A guide for teaching and learning.* Washington, DC: National Academy Press. Retrieved from https://www.nap.edu/read/9596/chapter/1

National Research Council. (2009). *Engineering in k-12 education: Understanding the status and improving the prospects.* Washington, DC: National Academy Press.

National Research Council. (2013). *Next generation science standards.* Retrieved from https://www.nextgenscience.org/three dimensions and https://www.nap.edu/read/13165/chapter/7#42

National Science Teacher Association. (2004). *NSTA position statement: Scientific inquiry.* Retrieved from http://www.nsta.org/about/positions/inquiry.aspx

National Science Teacher Association. (2014). *NSTA position statement: Early childhood science education.* Retrieved from http://www.nsta.org/about/positions/earlychildhood.aspx

New, R. (2011a). *"Progettazione": Reggio Emilia's curriculum for children and adults.* 發表於方案教學之理論驗證與文化組織脈絡:「國際與本土經驗的對話」國際學術研討會,國立新竹教育大學,新竹市。

New, R. (2011b). *Early childhood education as socio-cultural mirror: The case of Reggio Emilia.* 發表於方案教學之理論驗證與文化組織脈絡:「國際與本土經驗的對話」國際學術研討會,國立新竹教育大學,新竹市。

O'Brien, L. M. (1993). Teacher values and classroom culture: Teaching and learning in a rural, Appalachian Head Start program. *Early Education and Development, 4*, 5-19.

Olson, J. (1982). Dilemmas of inquiry teaching: how teachers cope. In J. Olson (Ed.), *Innovation in science curriculum: Classroom knowledge and curriculum change*. New York, NY: Nichols. (ERIC Document Reproduction Service No. 228 904)

Ornstein, A. C., & Hunkins, F. P. (2017). *Curriculum: Foundations, principles, and issues* (7th ed.). Boston, MA: Pearson.

Palincsar, A. S., Brown, A. L., & Campione, J. C. (1993). First-grade dialogues for knowledge acquisition and use. In E. A. Forman, N. Minick, & C. A. Stone (Eds.), *Contexts for learning*. New York, NY: Oxford University Press.

Piaget, J. (1970). *Genetic epistemology* (Trans. by E. Duckworth.). New York, NY: Columbia University Press.

Piaget, J. (1976). Piaget's theory. In B. Inhelder, & H. Chipman (Eds.), *Piaget and his school: A reader in developmental psychology*. New York, NY: Springer-Verlag.

Posner, G. J. (1992). *Analyzing the curriculum*. New York, NY: McGraw-Hill.

Powell, D. R., Son, S., File, N., & San Juan, R. R. (2010). Parent-school relationships and children's academic and social outcomes in public school pre-kindergarten. *Journal of School Psychology, 48*, 269-292.

President's Council of Advisors on Science and Technology. (2010). *Prepare and inspire: K-12 education in science, technology, engineering, and math "STEM" for America's future*. Retrieved from https://nsf.gov/attachments/117803/public/2a-Prepareand_Inspire-PCAST.pdf

Prior, J., & Gerard, M. R. (2007). *Family involvement in early childhood education: Research into practice*. Clifton Park, NY: Thomson/Delmar Learning.

Rinaldi, C. (1993). The emergent curriculum and social constructivism. In C. Edwards, L. Gandini, & G. Forman (Eds.), *The hundred language of children: The Reggio Emilia approach to early childhood education*. Norwood, NJ: Ablex.

Robson, S. (2003). Home and school: A potentially powerful partnership. In S. Robson, & S. Smedley (Eds.), *Education in early childhood: First things first* (pp. 56-74). London, UK: David Fulton.

Rodd, J. (1998). *Leadership in early childhood* (2nd ed.). New York, NY: Teachers College Press.

Romberg, T. A. (1988). *Changes in school mathematics: Curricular changes, and indicators of changes*. New Brunswick, NJ: Eagleton Institute of Politics, the State University of New Jersey. (ERIC Document Reproduction Service NO. 300 278)

Rubin, K. H., Fein, G. G., & Vandenberg, B. (1983). Play. In P. H. Mussen (Ed.), *Handbook of child psychology* (pp. 690-705). New York, NY: John Wiley & Sons.

Ryan, S. (2004). Message in a model: Teachers' responses to a court-ordered mandate for curriculum reform. *Educational Policy, 18*(5), 661-685.

Sandberg, A., & Vuorinen, T. (2008). Preschool-home cooperation in change. *International Journal of Early Years Education, 16*(2), 151-161.

Scully, P. A., Barbour, C., & Roberts-King, H. (2015). *Families, schools and communities: Building partnerships for educating children* (6th ed.). Upper Saddle Rivers, NJ: Pearson.

Sewell, T. (2012). Are we adequately preparing teachers to partner with families? *Early Childhood Education Journal, 40*, 259-263.

Stacey, S. (2009). *Emergent curriculum in early childhood settings: From theory to practice*. St. Paul, MN: Redleaf Press.

Stremmel, A. J. (2012). A situated framework: The Reggio experience. In N. File, J. J. Mueller, & D. B. Wisneski (Eds.), *Curriculum in early childhood education: Reexamined, rediscovered, renewed* (pp. 133-145). New York, NY: Routledge.

Swap, S. M. (1993). *Developing home-school partnerships: From concept to practice*. New York, NY: Teachers College Press.

The White House, Office of the Press Secretary. (2009). *Educate to innovate*. Retrieved from https://obamawhitehouse.archives.gov/the-press-office/president-obama-launches-educate-innovate-campaign-excellence-science-technology-en

United Nations, Educational, Scientific, and Cultural Organization. (1996). *Learning: The treasure within*. Retrieved from http://unesdoc.unesco.org/images/0010/001095/109590eo.pdf

Vars, G. F., & Beane, J. A. (2000). *Integrative curriculum in a standards-based world*. Champaign, IL: University of Illinois. (ERIC Document Reproduction Service No. 441 618)

Vecchi, V. (Ed.). (2002). *Theater curtain: The ring of transformations*. Reggio Emilia, Italy: Reggio Children, S.r.l.

Vuorinen, T., Sandberg, A., Sheridan, S., & Williams, P. (2014). Preschool teachers' views on competence in the context of home and preschool collaboration. *Early Child Development and Care, 184*(1), 149-159.

Vygotsky, L. S. (1978). *Mind in society: The development of higher psychological process*. Cambridge, MA: Harvard University.

Vygotsky, L. S. (1991). *Thought and language*(5th ed.). MA: The MIT Press.

Wood, D., Bruner, J., & Ross, G. (1976). The role of tutoring in problem solving. *Journal of Child Psychology and Psychiatry, 17*, 89-100.

Wood, E., & Attfield, J. (2006). *Play, learning and the early childhood curriculum* (2nd ed.). London, UK: Paul Chapman.

Zan, B. (2016). Why STEM? why early childhood? why now? In S. Counsell, L. Escalada, R. Geiken, M. Sander, J. Uhlenberg, B. Van Meeteren, S. Yoshizawa, & B. Zan (Eds.), *STEM learning with young children: Inquiry teaching with ramps and pathways*. New York, NT: Teachers College Press.

Zuckerman, G. A., Chudinova, E. V., & Khavkin, E. E. (1998). Inquiry as a pivotal element of knowledge acquisition within the Vygotskian paradigm: Building a science curriculum for the elementary school. *Cognition and Instruction, 16*(2), 201-233.

國家圖書館出版品預行編目（CIP）資料

面向 21 世紀的幼兒教育：探究取向主題課程／
周淑惠著.--初版.--新北市：心理, 2017.11
面； 公分. --（幼兒教育系列；51194）

ISBN 978-986-191-797-9（平裝）

1.學前教育　2.學前課程

523.2　　　　　　　　　　　　　　　106020293

幼兒教育系列 51194

面向 21 世紀的幼兒教育：探究取向主題課程

作　　　者：周淑惠
執行編輯：高碧嶸
總 編 輯：林敬堯
發 行 人：洪有義
出 版 者：心理出版社股份有限公司
地　　　址：新北市新店區光明街 288 號 7 樓
電　　　話：(02) 29150566
傳　　　真：(02) 29152928
郵撥帳號：19293172　心理出版社股份有限公司
網　　　址：http://www.psy.com.tw
電子信箱：psychoco@ms15.hinet.net
駐美代表：Lisa Wu（lisawu99@optonline.net）
排 版 者：辰皓國際出版製作有限公司
印 刷 者：辰皓國際出版製作有限公司
初版一刷：2017 年 11 月
Ｉ Ｓ Ｂ Ｎ：978-986-191-797-9
定　　　價：新台幣 350 元